大展好書　好書大展
品嘗好書　冠群可期

大展好書　好書大展
品嘗好書　冠群可期

手戰之道

趙曄　沈一貫　唐順之　何良臣

戚繼光　黃百家　黃宗羲　◎著

王小兵◎校注

武學古籍新注④

大展出版社有限公司

者實也似驚而實取似取而實驚虛實之用妙存乎

人故拳家不可執泥裡外圈長短打之說要須完備

透挑乃爲作乎技欲精欲多用欲熟欲駛欲狠兩精

出版人語

武術作為中華民族文化的重要載體，集合了傳統文化中哲學、天文、地理、兵法、中醫、經絡、心理等學科精髓，它對人與自然和諧共生關係的獨到闡釋，它的技擊方法和養生理念，在中華浩如煙海的文化典籍中獨放異彩。

由於受以往「萬般皆下品，惟有讀書高」思想的影響，雖然武術源遠流長，但歷來卻為學術界的主流思想所輕視，縱觀從漢至清的「正史」，武學始終沒能「以武立身」進入其中並佔有一席之地。

在歷代官方文獻中，有關武術技藝和拳理的記載極少，即使是民間資料，清代以前也十分罕見，存留至今的大多是清代的手寫本或抄本，且由於保密或自珍心理的影響，許多武術文獻都屬「秘傳」，以致一般人甚至聞所未聞，更不用說深入研究了；亦有許多武學資料，散落湮沒在各類他種文獻中讓人難識真面。這在中國歷代文化的傳承史上，是一種比較特殊的現象。

有著幾千年傳承積澱的中華武術，能生存並發展到今天，是因其具有很深的中華傳統優秀文化的根脈。傳統武學尊崇的生存理念、修習的武術技能，一方面，從不同的角度和側面反映出中華民族的社會、歷史、政治、經濟、文化、宗教、風俗與心理等；另一方面，它融健身、搏擊、觀賞為一體，是人類文明流動的傳奇。因此，將武術作為文化形態來研究，一方面可使人們對武術自身重新認識，同時更重要的，是為我們從更高層面認識和理解中華傳統文化的精義，提示了若干全新的視角。

然而，我們注意到，那些歷經坎坷倖存到今日的武學資料，有許多被束之高閣難得一見，或正面臨著破損、佚失的窘境，對這些寶貴資料的發掘、研究、整理和保護已迫在眉睫；我們還注意到，至今出版界還沒有一個機構專門從事或介入此項工作。

據不完全統計，新中國成立以來的六十多年間，全國共整理出版古籍近兩萬種，基本沒有武術這個學科的分類，這個現狀應該有所改變。

隨著學術界對中華武學的日益重視，北京科學技術出版社順應國內外研究者對武學典籍的迫切需求，決策組建了「人文・武術圖書事業部」，旨在推進武術古籍的保護、整理和出版。

依據國家古籍整理出版的有關精神和規定，經過精心挑選並廣泛徵求專家的意見，決定將幾種早已進入武學研究者視野的古籍版本，透過原件影印、點校、注釋等方法加以整理，彙編為「武學古籍新注」，陸續推薦給讀者。本套叢書力求做到傳統與現代並存，內容與形式統一，與以往的武術類出版物有較大的不同。

入選本叢書第一輯的武學典籍初步定為：李亦畬手抄《王宗岳太極拳論》、宋書銘《太極功源流支派論》、《太極法說》（班侯贈全佑本）。此外，《手戰之道》（收入明・沈一貫《摶者張松溪傳》、明・戚繼光《紀效新書》、清・黃宗羲《王征南墓誌銘》、清・黃百家《王征南先生傳》、清・黃百家《內家拳法》等）、《拳經輯集》（收入明・戚繼光《紀效新書》、明・茅元儀輯《武備志》）、明・吳殳《手臂錄》等典籍亦將分輯陸續出版。

以上這幾種古籍，均成書於明、清時期。這個時期，是中國古代武術空前繁榮並且走向成熟的重要時期，主要表現為中國古代武術體系及其總範圍的基本形成與確立、武術流派的形成、武術套路的出現、武術理論的全面發展，等等。因此，這一時期的中國武術，就自然而然地具有了承上啟下的歷史使命：一方面，它是上古武術一脈流傳的集大成者；另一方面，它又是未來武術不容推諉的啟蒙者。

而這一時期優秀的武學著作，也就帶有了這一明顯的時代特徵，深入研究這幾部武學著作，對認識中國傳統武學理論體系有著重要意義，對傳統武術未來的發展走向，亦有一定的規範與指導作用。

本套叢書邀請了國內外著名專家進行點校、注釋和導讀，梳理過程中充分尊重大師原作，由知名專家以規範的要求對原文進行梳理，力求經得起廣大讀者的推敲和時間的考驗，讓讀者放心地學習與珍藏。

希望本套叢書的出版，能夠在武學研究領域起到一定的引領、推動作用，這也是我們北京科學技術出版社人文・武術圖書事業部全體同仁的衷心希望。

導讀

「手戰」一詞早在漢代便已見諸文獻，然其含義，歷來多有所指。如西漢《淮南子・修務訓》云：「夫怯夫操利劍，擊則不能斷，刺則不能入，及至勇武攘卷一搗，則摺肋傷干，為此棄干將、鏌邪而以手戰，則悖矣。」此「手戰」當為徒手搏鬥之意。又《後漢書・西羌傳》云：「迷吾乃伏兵三百人，夜突育營，營中驚壞散走。育下馬手戰，殺十餘人而死。」所謂「下馬手戰」，非下馬徒手搏鬥，而是戰場上短兵相接之謂。

此外，「手戰」一詞除了徒手搏鬥、短兵相接之外，還有「手顫抖」之意，如杜甫《元日示宗武》詩云：「汝啼吾手戰，吾笑汝身長。」民國年間，「手戰」又被用來指稱學校的一種體育遊戲——「掰手腕」①。

然而「手戰」一詞，為人所津津樂道者，大抵源於《吳越春秋・勾踐陰謀外傳》中「越女論劍」的故事。

春秋末期，越國有一位武藝非凡的女子，越王勾踐向她請教劍術，女子言：「凡手戰之道，內實精神，外示安儀，見之似好婦，奪之似懼虎，布形候氣，與神俱往。」實際上，女子所謂「手戰之道」，不僅僅是劍術格鬥的技巧與方法，而是對整個武藝之道所做的一番寓理深奧的議論，因此「手戰之道」，便不僅僅是指劍術的技能，還應包括徒手搏鬥的技術在內。當然，也有人認為「手戰之道」即「劍之道」，很明顯這是直接源自「越女論劍」的故事，大抵起於民國初年郭希汾《中國體育史》，而後人多從之②。

馬明達先生將武術文獻的種類分為四種，即武術專著、以篇章形式附見於某些兵書和其他著作的武術文獻、公私收藏的抄本稿本、域外武藝著作及周鄰國家刊行的漢文武術著作。本書所選即屬於第二類，散見於軍事家的兵書以及文人的文集。從選取年代來看，《越女論劍》屬於東漢，黃宗羲父子關於王征南的內容則屬於明末清初，其餘都在明代，這樣選取也是基於武術是在明代成熟這樣一個歷史考量。彙集是編，名《手戰之道》，即取自《吳越春秋》，其意也是對整個武藝之道的闡釋。

1.《越女論劍》

《越女論劍》的故事，出自東漢紹興人趙曄所撰的《吳越春秋‧勾踐陰謀外傳》。《吳越春秋》原本共十二卷，今存十卷③，敘述春秋末年吳越兩國爭霸的史實，主要是根據《國語》，同時還兼採《左傳》《史記》的記載。但並不拘泥於歷史的故實，在故事鋪敘和人物描寫上，有不少誇張和虛構的地方，融入了不少民間傳說。所以魯迅定位《吳越春秋》為「本實事，含異聞」④。

《勾踐陰謀外傳》篇，據清代著名的校勘學家、藏書家顧廣圻、蔣光煦等人所見的影宋本《吳越春秋》，該篇作《越王陰謀外傳》。今本「越王」作「勾踐」，則是由徐天祜所改，以便目錄的一致。

《勾踐陰謀外傳》所記為勾踐十年至十三年之間的事蹟，講述勾踐臥薪嚐膽、密謀對吳用兵之事，主要圍繞越王「謀吳稱霸」的主題漸次展開。為了達到這一目的，既要走富國強兵之路，又要行貧吳弱敵之計，所以該篇圍繞文中所言「君王閉口無傳」的陰謀九術落筆，然其不外乎「富國強兵」與「貧吳弱敵」兩個方面。

通觀全文，先寫越國「已富」，後又寫越王「尊天事鬼」，以致「國不被災」，依從計研之計而充實糧倉，這便是富國之術；請女子傳授劍術，讓陳音講解射法，這是強兵之道。送給吳王神木而促成其大興土木，獻給吳王美女而使其惑亂，借粟還粟而使吳種而無收，都是貧吳弱敵之計。這些計謀為越王稱霸奠定了堅實的基礎，隨後「陰謀」轉為「陽攻」，從而引出了下篇之《勾踐伐吳外傳》。而「越女論劍」這一故事，正是勾踐「強兵之道」的一種方法，也成了後人眼中中國古代武術理論的經典之作，至今為人所道。

《吳越春秋》的校釋本極多，《越女論劍》校注時，底本採用民國「叢書集成初編」影印本，同時參考了薛耀天、張覺等人的相關校釋。

2.《搏者張松溪傳》

此篇出自明朝萬曆首輔沈一貫之手。沈一貫（一五三一——一六一五年），浙江寧波人，明朝萬曆年間首輔。隆慶二年登進士第，此後遊走於官場多年。張居正去位後，入閣參預機務。史書載「一貫之入閣也，輔政十有三年，當國者四年，枝柱清議，論者醜之。」明萬曆三十四年，沈一貫因受彈劾而上疏告退，家居十年，《搏者張松溪傳》應作於此一時期。

從行文來看，該文是沈一貫為嘉靖末年的同鄉張松溪所做的傳文，其來源當為「耳聞」。傳文記述了張松溪一生的習武軼事，又記述了張氏拳法「五字訣」，且對其有詳解，這可與清初黃百家《王征南先生傳》中內家拳的「五字訣」互相參照，應是最早的關於內家拳法的記述。此外，清代《寧波府志》有《張松溪傳》，其來源，也源自沈傳。

《搏者張松溪傳》出自沈一貫《喙鳴文集》，清乾嘉年間沈一貫同鄉袁鈞又將其輯入《四明文征》。本書校注時，以「四庫禁毀書叢刊」影印明刻本為底本。

3.《技用》

《技用》出自明代何良臣的軍事著作《陣紀》。此書共四卷，其中，卷一為選練，卷二、卷三為作戰指揮，卷四為各種地形、氣候條件下的作戰方法。

何良臣根據古兵法的軍事思想，結合歷代用兵得失，針對明代軍制弊端，提出了不少有價值的觀點，如治軍以「選練為先」，作戰要「因敵制勝」等。其本人不僅是軍事家，又是詩人，早年喜歡詩詞歌賦，頗有文才，從軍後又有軍功，後升為薊鎮遊擊將軍。《四庫全書總目》云：「良臣當嘉靖中海濱弗靖之時，身在軍中，目睹形勢，非憑虛理斷，攘袂坐談者可比，在明代兵家，猶為切實近理者矣。」

《技用》主要列舉並介紹各種器具之名稱、功效及用法，共十五篇，分別為旌旗類，軍鼓類，射、弩、拳、槍、筅、藤牌、刀劍、短兵、火器類，舟船、戰車，守城器械，總論。但旌旗類、軍鼓類等內容已與武術無關，故僅選與武術有密切關係者進行校注，計有：拳、棍、槍、刀劍、短兵五篇。原文中，拳與棍合為一篇，校注時分為兩篇。

《陣紀》一書版本較多，如明萬曆十九年刻本、清嘉慶二十二年《墨海金壺》叢書本、清道光《珠叢別錄》叢書本、道光二十六年《惜陰軒》叢書本、道光二十八年《瓶花書屋》叢書本、清同治《半畝園》叢書本、清咸豐間《長恩書室》叢書本、民國二十四年商務印書館的《叢書集成初編》等。

除原刻本以外，現存較好的本子應為《惜陰軒》本和《叢書集成初編》本。《墨》本、《珠》本、《瓶花》本等均有大段大段闕文，均不宜做底本，而《初編》《惜陰》兩本均出自原刻，基本忠於原刻，比較適合做底本，故本書校注時即以《惜陰軒》本為底本，以墨海金壺本、四庫本為參校。在校注中，又參考了陳秉才點校本《陣記校釋》。

4.《武編全集・卷五》

《武編》為明代另一著名軍事家唐順之的著作。唐順之（一五〇七—一五六〇年），字應德，號荊川，武進（今屬江蘇常州）人。明代儒學大師、軍事家、散文家，又是抗倭英雄。嘉靖八年會試第一，授庶起士，改兵部主事，禮部主事。曾率兵累敗倭寇，以功擢右僉都御史，後卒於舟中。唐順之學識淵博，喜談政論兵，探究性理，有「嘉靖八才子」之美譽。

《武編》纂輯於明嘉靖中。當時，明廷武備廢弛，將帥緩帶輕裘，軍隊養成懶惰散漫的習性。為振興武備，唐順之廣搜博採，從歷代兵書及其他史書中輯錄對於武備有所裨益的資料，如吳用先《武編序》所言：「一切命將馭士之道，天時地利之宜，攻戰守禦之法，虛實強弱之形，進退作止之度，間諜秘詭之權，營陣行伍之次，舟車火器之需，靡不畢具。」後來唐順之抗倭和巡撫鳳陽期間，多得力於該書，即如明人郭一鶚所謂：「得是編熟之化之，天下無就敵矣！荊川先生熟而化此，以南剿倭，北創虜，十用其七八。」然而本書當初只有抄本傳世，為南京焦澹園所藏。焦氏非常珍視這部書，時常有人向他索要藏本刊行，他以「兵陰道也，乃陽言之乎？危道也，乃安談之乎，非其時也」為由，拒絕刊印。明萬曆戊午年（一六一八年），後金政權起兵反明，明軍損兵折將，連連敗退，值此之時，焦氏才認為是刊印此書的時候了。於是將抄本給徐象枟雕版印行，使這部沉睡多年的兵書得以廣泛流傳。

是書「前集卷五」中，保存有大量拳法、器械等武藝內容，計有「牌、鐵、火器、射、弓、弩、甲、拳、槍、劍、刀、簡、錘、扒、擋、火、夷」，共十七類，然今與武術有密切關係者，惟「拳、槍、劍、刀、簡、錘、扒、擋」八類，故去其他九類，存此八類校之。與同代之人記述互相參照，對於明代的武藝發展便有清晰的認識。

本書校注以明萬曆四十六年徐象枟曼山館刻本為底本，以道光瓶花書屋本、四庫本為參校本。

5.《拳經捷要篇》

《拳經捷要篇》出自戚繼光《紀效新書》，這是一份非常珍貴的古代拳法資料，問世不久便備受重視，其「前言」與「拳法三十二勢」，對後世拳種流派的發展產生了重要影響。收錄《拳經捷要篇》的兵學名著《紀效新書》，明清以來，翻刻極多，流布極廣，這大大有利於《拳經捷要篇》的傳播，所以後世著述多收入戚氏《拳經捷要篇》。如明末茅元儀編纂的大型兵書《武備志》、王圻父子編纂的大型類書《三才圖會》。明代晚期的通俗日用類書如《新刻鄴架新裁萬寶全書》《新刻天下四民便覽三台萬用正宗》之「武備門」部分，也收入了戚氏《拳經捷要篇》內容，可見其流布之廣與傳播之快。而進入清代，戚氏《紀效新書》翻刻本極多，同時民間也有人專門摘出《拳經捷要篇》內容，單獨刊刻印行，如《打拳譜》（木刻本）便是。

《拳經捷要篇》收入明代各家拳法三十二勢，故又稱「拳經三十二勢」。目前所見的各種清代刊本，缺了其中八勢，僅剩二十四勢。只有西諦本、隆慶本為全本，有全部的三十二勢。此外茅元儀《武備志》、王圻、王思義父子《三才圖會》輯錄有三十二勢全部。另外，萬曆二十七年所刊刻的民間日用類書《新刻天下四民便覽三台萬用正宗》卷二十六「武備門」部分有「宋太祖三十二勢長拳歌」，從內容來看，顯然源自戚氏之「拳經三十二勢」。

西諦本、隆慶本原本校者尚未得見，但據這兩個本子所點校的《紀效新書》早已面世，盛冬鈴點校本底本為西諦本（《紀效新書》中華書局，一九九六年）、曹文明點校本底本為隆慶本（《紀效新書》中華書局，二〇〇一年）。透過對比西諦本與隆慶本，發現兩個本子的「拳經三十二勢」順序相同。因此，照曠閣本所缺的八勢，據此二本補入。本文校注，除了參考盛冬鈴、曹文明點校本外，還參考了馬明達點校本《紀效新書》。

6.《王征南墓誌銘》《王征南先生傳》《內家拳法》

《王征南墓誌銘》為明末清初思想家黃宗羲於清康熙八年（一六六九年）所撰，文中首次提出武術的內家、外家分，這一偶然「事件」，卻對未來中國武術的發展產生了重大的影響。而《王征南先生傳》，則為黃宗羲之子黃百家於清康熙十五年（一六七六年）所作，這是明代內家拳的重要文獻，對於明代內家拳的傳承、練法都有比較清晰的記載。

清初文學家張潮刪去《王征南先生傳》中有關射術的部分，改名《內家拳法》，並收入《昭代叢書》之《別集》。因此，實際上《內家拳法》為黃氏《王征南先生傳》中一部分。《欽定四庫全書總目》之《昭代叢書》提要云，清初的「雜著」大多為時人「或從文集中摘錄一篇，或從全書中割取數頁，亦有偶書數紙，並非著述而亦強以書名者，中亦時有竄改，如……黃百家之《征南先生傳》芟其首尾，改名《內家拳法》，猶是明季書賈改頭換面之積習，不足採也」。故《內家拳法》一名，也應為張潮輯錄時所加。

《內家拳法》記述了內家拳的源流、練法、套路和「十段錦」等。然對其源流，黃氏父子文中所載皆無實據，唐豪先生對此已做過詳盡的考證。

本書校注《王征南墓誌銘》《王征南先生傳》，底本採用「四部叢刊本」。《內家拳法》，底本採用清道光「世楷堂」刊本。

以上關於拳法、器械的技藝，除了關於《拳經捷要篇》、「內家拳法」的內容外，多無專門、深入的校釋整理；其次，這些文獻資料大多比較零散，查詢不便。故按諸年代，匯輯校釋；因既有徒手搏鬥的技藝，又有器械格鬥的技術，因此以越女論劍之「手戰之道」名之。因學識有限，難免所疏漏與謬誤，懇請批評指正。

【注釋】

①教育部編·初中男生體育教授細目（第二冊）〔M〕·上海：上海勤奮

書局，一九三四：五五。

②郭希汾・中國體育史（影印本）〔M〕・上海：上海文藝出版社，一九九三：四九。

關於「手戰之道」，于志鈞也認為是「精闢的劍法陰陽理論論斷」（見于志鈞《中國傳統武術史》，P一〇五—一〇六）。此外，《漢語大詞典》也作「擊劍」解。

③今存十卷本《吳越春秋》出自紹興人徐天祜「音注」的元大德（一二九七—一三〇七年）本，又有六卷本，兩者大同小異。十卷本是每篇自成一卷，而六卷本則是將十卷本的前三篇合為卷一，第四、五兩篇分別為卷二、卷三，第六、七兩篇合為卷四，第八、九兩篇合為卷五，第十篇別為卷六。

④魯迅謂：「他如漢前之《燕丹子》，漢楊雄之《蜀王本紀》，趙曄之《吳越春秋》，袁康、吳平之《越絕書》等，雖本史實，並含異聞。」見：魯迅・中國小說史略〔M〕・天津：百花文藝出版社，二〇〇二：一一。

手戰之道

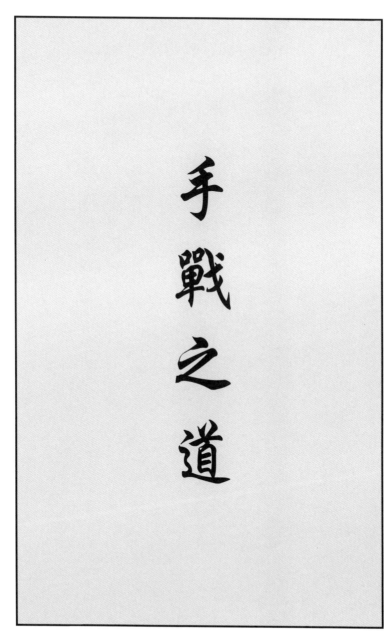

目錄

手戰之道

越女論劍①

趙曄②

未見須候其時越王又問相國范蠡曰孤有報復之謀水戰則乘舟陸行則乘輿輿舟之利頓於兵弩今子為寡人謀事莫不謬者乎范蠡對曰臣聞古之聖君莫不習戰用兵然行陣隊伍軍鼓之事吉凶決在其工今聞越有處女出於南林（越舊經南林在山陰縣南）國人稱善願王請之立可見越王乃使使聘之問以劍戟之術處女將北見於王道逢一翁自稱曰袁公問於處女吾聞子善劍願一見之女曰妾不敢有所隱惟公試之於是袁公即杖箖箊竹（箖箊竹名箖直尋切箊央魚切吳都賦其竹則篔簹箖箊）竹枝上頡橋未墮地女即捷末（藝文類聚引吳越春秋處女善

劍事與此小異曰袁公即挽林內之竹似枯槁末折墮地女接取其末按此書末字當作末捷通作接易晝日三接禮記太子生接以太牢左傳子同生接以太牢註並音捷）袁公則飛上樹變為白猿遂別去見越王越王問曰夫劍之道則如之何女曰妾生深林之中長於無人之野無道不習不達諸侯竊好擊之道誦之不休妾非受於人也而忽自有之越王曰其道如何女曰其道甚微而易其意甚幽而深道有門戶亦有陰陽開門閉戶陰衰陽興凡手戰之道內實精神外示安儀見之似好婦奪之似懼虎布形候氣與神俱往杳之若日偏如滕（滕當作騰）兔追形逐影光若彿彷呼吸往來不及法禁縱橫逆

順直復不聞斯道者一人當百百人當萬王欲試之其驗即見越王即加女號號曰越女乃命五板之墮長高習之教軍士（詩註一丈為版五版為堵左傳五版為堵五堵為雉版亦作板此墮字疑當作隊長疑是上聲高或人名也）當世（勝字上疑當有莫能二字）勝越女之劍於是范蠡復進善射者陳音音楚人也越王請音而問曰孤聞子善射道何所生音曰臣楚之鄙人嘗步於射術未能悉知其道越王曰然願子一二其辭音曰臣聞弩生於弓弓生於彈彈起古之孝子越王曰孝子彈者奈何音曰古者人民朴質饑食鳥獸渴飲霧露死則裹以白茅投於中野孝子不忍見父母為

越王③又問相國范蠡④曰：「孤有報復之謀，水戰則乘舟，陸行則乘輿。輿舟之利，頓⑤於兵弩。今子為寡人謀事，莫不謬者乎？⑥」范蠡對曰：「臣聞古之聖君，莫不習戰用兵。然行陣、隊伍、軍鼓之事，吉凶決在其工⑦。今聞越有處女⑧，出於南林⑨，國人稱善。願王請之，立可見。」越王乃使使聘之，問以劍戟之術。

【注釋】

①越女論劍：見《吳越春秋·勾踐陰謀外傳》，為《勾踐陰謀外傳》篇之一段，是說越王向「處女」請教「劍戟之術」的故事。標題為校注者所加。

②趙曄：東漢史學家、文學家，字長君，會稽山陰（今浙江紹興）人，著有《吳越春秋》《詩細》《曆神淵》等。《後漢書·儒林列傳》有傳，其云：「蔡邕至會稽，讀《詩細》而歎息，以為長於《論衡》。邕還京師，傳之，學者咸誦習焉。」

③越王：中國古代王爵封號之一。春秋時期越國君主允常稱王，這是中國歷史上第一位越王。本文所指，為允常之子勾踐，西元前四九六—前四六五年在位，曾敗於吳國，被迫求和，返國後重用范蠡、文種，臥薪嚐膽使越國國力逐漸得以恢復。

④范蠡：字少伯，春秋末楚國人，後為越國大夫。越為吳所敗時，曾隨越王勾踐作為人質，被押解到吳國受奴役三年，回越後幫助勾踐滅掉吳國。

⑤頓：通「鈍」，不鋒利。此處作「不便利」。

⑥莫不謬者乎：難道不是荒謬的嗎？莫不，莫非、難道之意；謬，錯誤的、不合情理的。

⑦工：指具有一技之長的人才。《儀禮・燕禮》「席工於西階上」句注解：「凡執技藝者稱工。」

⑧處女：指未出嫁的女子。

⑨南林：徐天祜注云：「《越舊經》，南林在山陰縣南。」徐天祜，字受

之，山陰人，景定三年（一二六二年）進士，時年尚英妙，為大州教授，日與諸生講經義，聽者感發。德祐二年（一二七六年），以文林郎國子監庫官召，不赴，退歸城南，杜門讀書。及文天祥被執以死，徐天祐與王英孫並為衣冠避亂者所宗。四方學者至越，必進謁。天祐高冠大帶，議論卓卓，見者咸以為儀刑。嘗為《吳越春秋》作注。後人多誤其為「徐天祐」，《詩經・小雅・信南山》云：「受天之祜。」其字為「受天」，當名「天祜」，作「祐」者誤。

【今譯】

越王勾踐又問相國范蠡說：「我有報仇的計畫，水戰就要乘船，如果是陸路行軍就乘車。但是車和船的便利，比不上弓和弩。現在您給我謀劃戰事，難道沒有不合情理的嗎？」

范蠡回答說：「我聽說古代的聖君，都善於用兵打仗，但是軍隊的行列隊形、組織編制、擊鼓進軍等具體的事情，勝敗取決於有特長的人才。現在我聽說越國有個處女出生於南林，國人都稱讚她有本事。希望您聘請她，便可立即見到。」越王於是派使者去聘請，向她請教使用劍戟的方法。

處女將北見於王，道逢一翁，自稱曰袁公，問於處女：「吾聞子善劍，願一見之。」女曰：「妾不敢有所隱，惟公試之。」於是袁公即杖箖箊竹①，竹枝上頡橋②，末墮地，女即捷末③。袁公操其本而刺處女，處女應即入之，三入，因舉杖擊袁公④，袁公則飛上樹，變為白猿。遂別去。

【注釋】

①杖箖箊竹：杖，疑為「拔」之誤。徐乃昌曰：「按《藝文》九十五引作，即拔箖箊竹。」箖箊（ㄌㄧㄣˊㄩ），竹名。徐天祐注云：「箖箊，竹名。箖，直尋切；箊，央魚切。《吳都賦》：其竹則篔簹箖箊。」晉戴凱之《竹譜》云：「箖箊，葉薄而廣，越女試劍竹是也。」

②頡橋：疑為「枯槁」之誤。《藝文類聚》卷九十五引《吳越春秋》作「枯槁」。

③於是袁公……女即捷末：徐天祜注云：「《藝文類聚》引《吳越春秋》越女善劍事，與此小異，曰：袁公即挽林內之竹，似枯槁，未折墜地，女接取其未。此書『未』字當作『末』，『捷』通作『接』。《易》：『晝日三接。』《禮記》：『太子生，接乙太牢。』《左傳》：『子同生，接乙太牢。』注並音捷。」

④袁公操……擊袁公：此二十三字，四部叢刊本無，據《藝文類聚》卷九十五「猿」條引文補入。

【今譯】

處女將到北方去見越王，路上遇一老翁，說自己叫袁公，他問處女說：「聽說你善於劍術，希望能見識一下。」

處女說：「我不敢有所隱瞞，請您試一下吧。」於是袁公拔了一枝箖箊竹，竹子的上部已經乾枯，竹梢掉在了地上，處女便拿起這段竹梢。

袁公拿著竹竿來刺擊處女，處女趁勢讓袁公前來刺擊，三次之後，便舉起竹梢刺擊袁公，袁公卻飛身上樹，變為一隻白猿。於是分別而去。

見越王，越王問曰：「夫劍之道則如之何？」女曰：「妾生深林之中，長於無人之野，無道不習①，不達諸侯，竊好擊之道，誦之不休，妾非受於人也，而忽自有之。」越王曰：「其道如何？」女曰：「其道甚微而易，其意甚②幽而深。道有門戶③，亦有陰陽④。開門閉戶，陰衰陽興。凡手戰之道，內實精神，外示安儀；見之似好婦，奪之似懼虎；布形候氣，與神俱往；杳之若日，偏如滕兔⑤；追形逐影，光若佛彷⑥；呼吸往來，不及法禁⑦；縱橫逆順，直復不聞。斯道者，一人當百，百人當萬。」王欲試之，其驗即見⑧。越王即加女號，號曰：越女。乃命五板之墮長高習之教軍士⑨，當世勝越女之劍⑩。

【注釋】

①無道不習：道，此處作介詞用，「從，由」之意。如《漢書・淮南王傳》：「諸使者道長安來」。不，語氣助詞，無實意。如《詩・小雅》：「徒御不驚，大庖不盈。」《毛傳》云：「不驚，驚也；不盈，盈也。」

②甚：底本（四部叢刊本）作「其」，據「隨庵叢書本」「龍谿精舍本」改。

③門戶：古代的門與戶有別，一扇曰戶，兩扇曰門。此處「門」作「大道，即正確的途徑」；「戶」作「小道，即歪門邪道」。故此下文方可講「陰陽」。「門戶」，也作武術用語，猶「架勢」之意。如《水滸傳》第九回：「（洪教頭）把棒來盡心使個旗鼓，吐個門戶，喚作「把火燒天勢」」。

④陰陽：古代樸素唯物主義思想家把矛盾運動中的萬事萬物概括為「陰」「陽」兩個對立的範疇，並以雙方變化的原理來說明物質世界的運動。如天地、日月、男女等皆分屬陰陽。陰陽雙方相待而變，陰勝則陽衰，陽盛則陰

衰，盈虛消長而循環往復。

⑤偏如滕兔：偏，「偏遠」之意。滕，徐天祜注云「滕」當作「騰」。騰兔，即月亮。

⑥彿彷：即彷彿。《說文》曰：「彿彷，相似、視不審也。」

⑦不及法禁：即不觸犯法禁。

⑧見：同「現」。

⑨乃命五板之墮長高習之教軍士：徐天祜注云：「《詩》注：一丈為版，五版為堵。《左傳》五版為堵，五堵為雉。「版」亦作「板」，此「墮」疑當作「隊」，「長」疑是上聲，「高」或人名也。」此句《太平御覽》卷三四三兵部七四「劍中」條引文作：「乃命五校之隊長、高才習之，以教軍人。」「五校」，漢時對步兵、屯騎、長水、越騎、射聲五校尉的合稱。荀悅《申鑒・時事》云：「掌軍功爵賞，小統於五校，大統於太尉。」黃省曾注：「五校者，一曰屯騎，二曰越騎，三曰步兵，四曰長水，五曰射聲。俱掌宿衛兵，

所謂大駕，鹵簿、五校在前是也。」此處「五校」泛指各支軍隊。從前後文來看，此句當以《太平御覽》引文為準。

⑩當世勝越女之劍：徐天祜注云：「『勝』字上疑當有『莫能』二字。《太平御覽》卷三四三兵部七四「劍中」條引文作：「當此之時皆稱越女劍。」

【今譯】

處女見了越王，越王問她說：「劍的道術是怎樣的？」

處女說：「我出生在深山之中，成長在無人的荒野，沒有什麼地方可以學習，且不與諸侯相往來。我只是私下喜歡擊劍之術，所以一直不停地念誦它。我的劍術不是從別人那兒學來的，而是突然之間自己悟出來的。」

越王問：「那擊劍的方法是怎樣的？」

處女說：「這方法微妙卻簡單，旨意則隱晦深奧。方法有門戶，也有陰陽。門戶就有開閉，陰陽就有興衰。大凡格鬥的原則：內部要充實精神，外表要顯得安穩、莊重；看上去好像善良的婦女，爭奪時要像受驚的猛虎一般；擺佈架勢，運轉精氣，要與精神一同前往；深廣得像太陽，偏遠得像月亮；追逐它們的形影，像光一樣似有若無；呼吸的往復，不觸犯法禁；縱橫逆順的攻擊，無論向前還是再次回擊，都不被人聽見。具有這種劍術的人，一人可以抵擋百人，百人可以抵擋萬人。您若想試驗一下，那效果立即會表現出來。」

越王立即賜予處女名號，稱為「越女」。於是下令讓各軍營的隊長和才能較高的人學習劍術，然後教給士兵。當時沒有人能勝過越女的劍術。

手戰之道
博者張松溪傳

沈一貫①

搏者張松溪傳

我鄉弘正時有邊誠以善搏聞嘉靖末又有張松溪名出邊上張衣工也其師曰孫十三老大梁街人性麤戇張則沈毅寡言恂恂如儒者張大司馬罷而家居引體抗然坐之上座云邊師之徒袒裼搤捥嗔目語難而張乃攝衣冠不露肘邊師喜授受顯名當世而張常自匿人求見輒謝去邊師之美技進退開闔有緒如織而張法直截嘗曰一棒一痕吾猶輕之胡暇作此嬰嬰閒事邊嘗北游值

六馬駕負其力肩之不勝出于輪而病傴有少林僧數十輩尋邊邊遷延之至日晡與鬭燭入滅燭而躍坐梁上觀諸僧自相擊于暗中而乘其斃大抵間用術倭亂時少林僧七十輩至海上求張張匿不見好事少年慫慂之僧寓迎鳳橋酒樓張與少年窺其搏失哂僧覺遮之張曰必欲一試者須呼里魁合要死無所問張故孱然中人耳僧皆魁梧健力易之諾為要張衣履如故袖手坐一僧跳躍來蹴張稍側身舉手而送之如飛丸度窻中隨

手战之道　搏者张松溪传

重樓下幾死蓋其法云搏舉足者最下易與也張嘗被監司徵使教戰士終不許曰吾盟于師者嚴不授非人張嘗踏青郊外諸少年邀之固不許還及門諸少年戒守者毋入張閉之月城中羅拜曰今進退無所且徵觀者願卒惠之張不得已許之門多圜石可數百斤者命少年累之累之不能定張手定之稍支以瓦而更累一于其上祝曰吾七十老人無所用儻直劈到底供諸君一咲可乎舉左手側而劈之三石皆分為兩張終身不娶無子

手战之道　搏者张松溪传

事母以孝聞死于牖下所教徒厪厪一二又不盡其法余嘗從其徒問之曰吾師嘗觀矛師矛師詫吾師曰何如師曰吾不知吾黨問之師曰犬刺則刺矣而多為之擬心則岐矣尚得中耶余聞而憬然因憶往時嘗問王忠伯邊人何技而善戰忠伯言邊人無技遇虜近三十步始發射短兵接直前攻刺不左右顧者勝瞬者不可知旁視死矣今張用此法又悟北宮黝之養勇也不膚撓不目逃非謂不被人刺至撓且逃直如飛蠅之著體忘撓與

手战之道　搏者张松溪传

逃鼓精奮神專篤無兩雷董春面集七矢而不動是矣張有五字訣曰勤曰緊曰徑曰敬曰切其徒秘之余嘗以所聞妄為之觧曰勤者蓋早作晏休練手足力少睡眠薪水井臼必躬親公致力中原而恐優逸不堪以百覽從事此一其素也曰緊者兩手常護心胸行則左右護脅擊刺勿極其勢令可引而還足縮縮如有循勿舉高蹈濶丁不丁八不入可亟進可速退心常先覺毋令智昏立必有依勿虛其後衆理會聚百骸詣東蹐縮而虎伏兵

法所謂始如處女敵人開戶者蓋近之曰徑則所謂後如脫兎超不及距者無再計無返顧勿失事機必中肯綮既志其處則盡身中一毛孔亦感響赴之無絫差若猫捕鼠然此二字則擊刺之術盡矣曰敬者儆戒自將勿露其長好勝者必遇其敵其防其防溫良儉讓不忮不求何用不臧曰切者千忍萬忍掐指齩齒勿為禍先勿為福始勿以身輕許人利害切身不得已而後起一試之後可收即收不可復試雖終身不見其形不成其名而亡

所悔蓋結寃業者永無釋日犯王法者終無貰期得無慎諸聞張之受于孫惟前三字後二字張所增也其戒心又如此君子曰儒者以忠信為甲冑禮義為干櫓豈不備哉使人畏而備之孰與夫使人無畏而無備之為周夫學技以備患而慮患乃滋甚則焉用技恃技而不慮患患又及之技雖言矣故君子去彼處此

我鄉弘正②時，有邊誠③，以善搏聞。嘉靖末，又有張松溪，名出邊上。張，衣工④也，其師曰孫十三老，大梁街人，性戇戇⑤。張則沈⑥毅寡言，恂恂如儒者。

張大司馬⑦罷而家居，引體抗然，坐之上座，云⑧：「邊師之徒，袒裼扼捥⑨，嗔目語難。而張乃攝⑩衣冠，不露肘。邊師喜授受，顯名當世。而張常自匿，人求見輒謝去。邊師之弄技，進退開闔⑪，有緒如織。而張法直截，嘗曰：『一棒⑫一痕，吾猶輕之，胡暇作此嬰嬰⑬閒事。』邊嘗北遊，值六馬駕，負其力，肩之不勝，出於輪而病傴⑭。有少林僧數十輩尋邊，邊遷延之，至日晡⑮與鬭，燭入滅燭，而躍坐梁上，觀諸僧自相擊於暗中，而乘其斃，大抵間用術。」

【注釋】

①沈一貫（一五三一——一六一五年）：字肩吾，又字不疑、子唯，號龍

江，又號蛟門，鄞縣（今寧波）櫟社沈家人，明朝萬曆年間首輔。隆慶二年登進士第，改庶起士，授檢討，歷充纂修官、南京禮部尚書、東閣大學士、晉太子少保、戶部尚書、武英殿大學士、吏部尚書，身後賜太傅，謚文恭。張居正去位後，入閣參預機務。史書載「一貫之入閣也，輔政十有三年，當國者四年，枝柱清議，論者丑之。」

明萬曆三十四年，沈一貫因受彈劾而上疏告退，家居十年，《搏者張松溪傳》或作於此一時期。

②弘正：即弘治（一四八八—一五〇五年）、正德（一五〇六—一五二一年）年間的合稱。

③邊誠：《文淵閣四庫全書補遺》卷四百十九作「邊城」；清乾隆間曹秉仁所修《寧波府志》卷三十一「藝術」作「邊澄」，並有《邊澄傳》：

明邊澄，慈溪人。年十五時，聞王荊公祠祈夢有驗，詣祠禱曰：「願學一藝立名。」夢鬼卒手教之搏，自是有絕力。已而客山東，戲以肩當下坡車，車止不行。聞少林寺僧以搏名天下，托身居爨下者三年，遂妙悟搏法。一日，辭主僧歸，主僧念其勞，欲教之。對曰：「澄已粗得其略。」試之，果出諸學者右。後遊行江湖間，莫有敵者。嘗飲姚江酒市，醉忤一力士，力士乃豪貴子，即求澄與角。力士北，愧忿，因哄其黨百餘人圍捕之。澄不動，直持帨纏其槊，舉足一奮，出群槊外，衆遂投槊伏謝。

正德間，倭寇來貢，有善槍者，聞澄名，求一角。太守張津許之。倭十餘輩，各執槍爭向，澄舉扒一麾，槍皆落。後者復槍圍之，澄一作聲，直超其圍，抽扒擬一二倭而弗殺，以示巧。守歎曰：「亦足為國家！」重賞之。

時江彬率邊兵數萬，從駕南巡，將回鑾，彬謂「南兵不如北之勇」，欲留鎮守南。司馬喬宇堅執不可，謂「南兵亦自足用，請會南北兵校藝。」於是檄取澄及金華綿章，二人應募至京，宇乃與彬集演武場試之。北兵舉雙刀，捷如弄丸，澄挺擊之，兩刀齊折，北兵氣沮，宇遂罷鎮守之議。市人不識者，或侮之，多不較，若無技能，人人以是多之。

④衣工：即製衣工匠。如晉代郭泰機《答傅咸》：「衣工秉刀尺，棄我忽若遺。」唐代李白《送楊少府赴選》：「衣工剪綺繡，一誤傷千金。」

⑤麤戇（ㄘㄨ ㄓㄨㄤˋ）：麤，通粗。戇，作傻、愣、魯莽之意。麤戇，即粗莽戇愚。

⑥沈：同「沉」。

⑦張大司馬：官職名，明代用作兵部尚書的別稱。張大司馬，即張時徹（一五〇〇—一五七七年），字維靜，號東沙，又號九一。明代鄞縣布政張家潭村（今古林鎮）人。曾為明代福建參政，官至兵部尚書。

⑧云：《四明文徵》（以下稱「約園本」）作「曰」。

⑨袒裼扼腕：袒裼，脫衣露體、赤膊。扼捥，用一隻手握住另一隻手腕，表示振奮、惋惜、憤慨等情緒。捥，古同「腕」，「約園本」作「腕」。故「袒裼扼腕，嗔目語難」，是形容邊澄的徒弟粗野、無禮。

⑩攝：揭起、提起之意，引申為整理。如《史記・管晏列傳》：「晏子懼

然攝衣冠謝。」蘇軾《後赤壁賦》：「予乃攝衣而上。」故「攝衣冠，不露肘」，形容張松溪的儒雅之貌。

⑪開闔：闔，底本作「闢」，據「約園本」改。開闔，即開啓與閉合。

⑫棒：底本作「捧」，據「約園本」改。

⑬㚇㚇（ㄗㄨㄥ）：《說文・夊部》云：「㚇，斂足也。「鵲鵙醜，其飛也㚇。」從夊凶聲。子紅切。」《爾雅・釋鳥》作「鵲鵙醜，其飛也猣」，注云「竦翅上下」，即扇動翅膀上下飛。故文中「㚇㚇」是形容上下翻飛的花法武藝。

⑭邊嘗北遊……病傴：見注釋②《邊澄傳》。六馬，秦代以後，皇帝之車駕用六馬。

⑮日晡：指申時，即午後三點至五點。

【今譯】

弘治正德年間，我的家鄉有位叫邊澄的人，以擅長拳技而聞名。嘉靖末年，又有張松溪，名聲更在邊澄之上。張松溪為裁縫，他的老師叫孫十三老，為大梁街人，性格粗莽戆愚。而張松溪則深沉文靜，不愛多說話，謙恭的像個儒士。

時大司馬張時徹被罷免官職閒居在家，然志氣高亢，坐在上位，說：「邊澄的徒弟，粗魯無禮，而張松溪則儒雅有加。邊澄喜歡教授武技，揚名當世，而張松溪則時常隱居，有人求見時總是推辭不見。邊澄舞槍弄棒，進退開合，一招一式，皆有章法。而張松溪的技法則簡單直接，他常說：『一棒一痕跡，我尚且不看重，哪有時間習練花法武藝。』邊澄曾經遊歷北方，用肩扛住六馬的車駕，使之不能動，因此而患了佝僂病。有十多個少林僧人尋找邊澄，邊澄拖延至傍晚，與之搏鬥。掌燈進入而滅之，後躍坐於房間大樑上，看那些僧人互相在黑暗中毆打，並乘機擊斃，大都用這類方法。」

倭亂時，少林僧七十輩，至海上求張，張匿不見，好事少年慫恿之。僧寓迎鳳橋酒樓，張與少年窺其搏，失哂①，僧覺遮之。

張曰：「必欲一試者，須呼里魁合要②，死無所問。」張故孱然中人③耳，僧皆魁梧健力，易之諾為要。張衣屨④如故，袖手坐，一僧跳躍來蹴，張稍側身，舉手而送之，如飛丸度窗中，墮重樓下，幾死。

蓋其法云：搏，舉足者最下，易與也。

【注釋】

①哂（ㄕㄣˇ）：微笑。

②里魁合要：里魁，即里長。《後漢書·百官志五》云：「里有里魁，民有什伍，善惡以告。」《宋書·百官志下》：「五家為伍，伍長主之；二伍為什，什長主之；十什為里，里魁主之。」臺灣至今還設有「里長」。合要，即核驗、印證。

③張故孱然中人：故，同「固」，原來、本來之意。孱（ㄔㄢˊ），瘦弱的樣子。中人，即中等的人，常人。《漢書・食貨志上》：「數石之重，中人弗勝。」顏師古注：「中人者，處強弱之中也。」這是相對少林僧「魁梧健力」的身體而言。

④屨（ㄐㄩˋ）：指用麻、葛等製成的單底鞋。《詩經・葛屨》：「糾糾葛屨，可以履霜。」明人李昌祺《剪燈餘話・洞天花燭記》：「忽有二使，布袍葛屨，連袂而來。」

【今譯】

倭寇犯邊的時候，有少林僧七十餘人，求見張松溪，張避匿不見，有少年好事者慫恿他。少林僧住在迎鳳橋酒樓，張松溪與少年偷看少林僧人練武，不小心笑了出來，被少林僧發現後阻止。

張松溪說：「如果想要比試，必須讓里長見證，死傷責任自負。」

張松溪本來就是一個身體瘦弱的普通人，而少林僧都是魁梧有力之人，互相交換承諾約定。張松溪穿著與以前同樣的衣服，袖手而坐，一個僧人跳躍過來踢他，張松溪稍一側身，順勢舉手一送，那僧人便像飛丸一樣飛出窗外，掉下樓差點死去。

所以技擊的原則為：抬腳為最下之策，非常容易露出破綻。

張嘗被監司①徵，使教戰士，終不許，曰：「吾盟於師者嚴，不授非人。」

張嘗踏青郊外，諸少年邀之，固不許。還及門，諸少年戒守者曰②毋入。張閉之月城③中，羅拜④曰：「今進退無所，且微觀者，願卒惠之。」張不得已，許之。

門多圜⑤石，可數百斤者，命少年累⑥之，累之不能定。張手定之，稍支以瓦，而更累一手其上，祝曰：「吾七十老人，無所用，儻⑦直劈到底，供諸君一咲⑧，可乎？」

舉左手，側而劈之，三石皆分為兩。

【注釋】

①監司：監察州縣的地方長官簡稱。明代按察使因掌管監察，故亦稱監司。

②曰：底本無，據「約園本」補入。

③月城：即甕城，指圍繞在城門外的半圓形小城。

④羅拜：四面圍繞著下拜。《三國志・魏志・張遼傳》：「所督諸軍將吏皆羅拜道側，觀者榮之。」

⑤圜：同「圓」。清人姚鼐《登泰山記》云：「石蒼黑色，多平方，少圜。」「約園本」作「回」。

⑥累：重疊之意。《楚辭・招魂》：「層台累榭，臨高山些。」

⑦儻：同「倘」。

⑧咲（ㄒㄧㄠˋ）：同「笑」，是笑的異體字。宋人梅堯臣《依韻和徐元輿讀寄內詩戲成》：「水客莫驚咲，雲間比翼多。」

【今譯】

張松溪曾經被地方官徵召，讓他教授士兵武技，卻總是不答應，說：「我向師傅發過嚴誓，不教不稱職的人。」

有次張松溪在郊外踏青，一群少年要脅教其武技，他堅決不答應。回去到達城門的時候，少年們堵住不讓進入。張松溪被圍堵在甕城內，少年們環繞下拜，說：「現在你沒有退路，按你的意願，希望能盡力教與我們。」張松溪無可奈何地答應了他們。

城門口有許多圓石，重達數百斤，張松溪讓他們將兩塊圓石疊起來，迭起卻無法固定。張松溪用手穩住，並用瓦片墊住，再迭一塊圓石在上面，然後說：「我一七十歲老人，已無用處，假如能把這些圓石直劈到底，以博諸位一笑，好不好？」

張松溪舉起左手，斜劈而下，三塊圓石都分為兩半。

張終身不娶，無子，事母以孝聞，死於牖下①。所教徒屋屋②一二，又不盡其法。余嘗從其徒問之，曰：「吾師嘗觀矛③師，矛師誇吾師，曰：『何如？』師曰：『吾不知。』吾黨問之，師曰：『夫刺則刺矣，而多為之擬④斯，心則歧⑤矣，尚得中耶？』」

余聞而憬然⑥，因憶往時，嘗問王忠伯⑦：「邊人⑧何技而善戰？」忠伯言：「邊人無技，遇虜近三十步，始發射。短兵接，直前攻刺，不左右顧者勝，瞬者不可知，旁視死矣！」今張用此法。

又悟北宮黝之養勇也，不膚撓，不目逃⑨，非謂不被人刺。至撓且逃，直如飛蠅之著體；忘撓與逃，鼓精奮神，專篤無兩。雷萬春面集七矢而不動⑩，是矣！

【注釋】

①死於牖下：牖（ㄧㄡˇ），指窗戶。牖下，戶牖間之前。指平平淡淡地終其天年。

②廑（ㄐㄧㄣˇ）：同「僅」。「約園本」作「僅僅」。

③矛：「約園本」作「予」，後同。但若為「予」，則與「吾」同義，於文意不合。矛師為何人，暫不可考。

④擬：比畫之意。《漢書．李廣蘇建傳》：「復舉劍擬之。」晉代干寶《搜神記》：「客以劍擬王，王頭隨墮湯中。」

⑤岐：同「歧」。「約園本」作「歧」。

⑥憬（ㄐㄧㄥˇ）然：醒悟的樣子。清人袁枚《隨園詩話》卷六云：「余憬然自悔，仍用前句。」

⑦王忠伯：與沈一貫交遊甚密，其生平暫不可考。沈一貫曾為其作寄贈詩三首（《寄王忠伯》《送王忠伯太史使秦隴》《寄贈王忠伯雲中》，見：沈一貫《喙鳴詩集》），或可略窺一二。

⑧邊人：指駐守邊境的官兵、士兵等。唐朝王建《送人》詩云：「邊人易封侯，男兒戀家鄉。」明代劉基《關山月》：「願得馳光照明主，莫遣邊人望鄉苦。」

⑨北宮黝……不目逃：北宮黝，古代齊國勇士。膚撓，謂肌膚被刺而屈服，猶言示人以弱。目逃，謂眼睛受到突然刺激而避開，形容心存怯懦。見《孟子·公孫丑上》：「北宮黝之養勇也，不膚撓，不目逃。」北宋經學家孫奭疏云：「言北宮黝之養勇，人刺其肌膚，不為撓卻；人刺其目，不以目轉睛而逃避。」

⑩雷萬春面集七矢而不動：雷萬春，河北涿州人，唐代張巡偏將。安祿山叛變，其將令狐潮圍攻雍丘，萬春上城答話，敵伏弩忽發，七箭中萬春面，萬

春不動，令狐潮疑為木刻假人，及知眞乃其人，令狐潮大驚。《新唐書》卷二一五有雷萬春傳。南宋范成大有《雷萬春墓》詩一首：「九隕元身不隕名，言言千載氣如生。欲知忠信行蠻貊，過墓胡兒下馬行。」

【今譯】

張松溪終身不娶，沒有後代，以侍奉母親而有孝名，後來壽終正寢。教授的徒弟僅有幾人，且又沒有完全學得。我曾經問其徒弟關於他的事蹟，徒弟說：「我的師傅曾經看茅師傅演練武技，茅師向張師炫耀其技，問：『怎麼樣？』師傅說：『我不知道。』我們問師傅，師傅說：『刺就是刺，但大多為比畫之作，心都走入了歧途，還能達到中正嗎？』」

我聽後恍然大悟，因而想起以前，曾經問王忠伯：「戍邊官兵有什麼武技而善戰？」

忠伯說：「官兵沒有什麼特別的武技，當敵人近前三十步之內時，才開始射擊。短兵相接之時，徑直向前攻刺，不左顧右盼者會贏，驚恐的人不知道會怎樣，左右顧的人則會死。」如今張松溪即用此方法。

又想到齊國勇士北宮黝培養勇氣，人刺他的肌膚不會屈服，刺他的眼睛而不逃避，並不是說不被人刺。又屈服又逃跑，簡直像蠅蟲在身一樣；忘記屈服與逃跑，鼓足精神勇氣，是獨一無二的專心。唐代猛將雷萬春面中七箭而紋絲不動，就是這樣的。

張有五字訣，曰勤，曰緊，曰徑，曰敬，曰切。其徒秘之，余嘗以所聞妄為之解。

曰勤者，蓋早作晏休①，練手足力，少睡眠，薪水井臼必躬。陶公致力中原，而恐優逸不堪，以百甓從事②，此一其素③也。

曰緊者，兩手常④護心胸，行則左右護脅。擊刺勿極⑤其勢，令可引⑥而還。足縮縮⑦如有循，勿舉高蹈闊，丁不丁，八不八。可亟進，可速退。心常先覺，毋令智昏。立必有依，勿虛其後。眾理會聚，百骸皆⑧束，蜎縮⑨而虎伏。兵法所謂「始如處女，敵人開戶」⑩者，蓋近之。

曰徑，則所謂後如脫兔，超不及距者⑪。無再計，無返顧，勿失事機，必中肯綮⑫。既志其處，則盡身中一毛孔力，咸⑬向嚮之，無參差，若貓捕鼠。然此二字，則擊刺之術盡矣⑭！

曰敬者，儆戒自將，勿露其長，好勝⑮者必遇其敵，其防其防。溫良儉讓，不忮不求⑯，何用不臧。

曰切者，千忍萬忍，掐指齩⑰齒，勿為禍先，勿為福始⑱，勿以身輕許人。利害切身，不得已而後起。一試之後，可收即收，不可復試。雖終身不見其形，不成其名，而無⑲所悔。蓋結冤業者，永無釋日；犯王法者，終無貰⑳期。得無慎諸？

聞張之受于孫，惟前三字，後二字張所增也，其戒心又如此。君子曰：儒者以忠信為甲胄，禮義為干櫓㉑，豈不備哉！使人畏而備之，孰與夫使人無畏而無備之為周？夫學技以備患，而慮患乃滋甚，則焉用技？恃技而不慮患，患又及之，技難言矣！故君子去彼處此。

【注釋】

①早作晏休：早作，即早起。《後漢書．列女傳．曹世叔妻》：「晚寢早作，勿憚夙夜。」晏休，晚睡。「約園本」作「晏作」，不確。明人王愼中《送程龍峰郡博致仕序》：「早作晏休，不少惰怠，耳聰目明，智長力給。」

②陶公……百甓從事：陶公，即陶侃，晉人，陶淵明曾祖。此句出自《晉書．卷六十六．陶侃列傳》：「侃在州無事，輒朝運百甓於齋外，暮運於齋內。人問其故，答曰：『吾方致力中原，過爾優逸，恐不堪事。』其勵志勤力，皆此類也。」

這是說陶侃在廣州無事時，早上把百磚搬至書房外，傍晚又運回。人問其緣由，陶侃回答：「我正在致力於收復中原失地，過分的悠閒安逸，唯恐不能承擔大事。」作者舉陶侃之例，特為突出一「勤」字耳。

③素：此處作「本質，本性」解。

④常：「約園本」作「當」。

⑤極：窮盡，竭盡。

⑥引：退避。《戰國策》：「引自江北」。

⑦縮縮：恭謹貌。唐順之《戶部郎中林君墓誌銘》：「居鄉縮縮，循謹甚。」

⑧皆：底本作「諧」，據「約園本」改。

⑨蝟縮：刺蝟遇敵則縮，比喻人畏縮不前。此處作「蜷縮」解。

⑩始如處女，敵人開戶：此句出自《孫子・九地》：「是故始如處女，敵人開戶；後如脫兔，敵不及拒。」是說戰爭開始前要像處女一樣沉靜柔弱，誘使敵人放鬆戒備；戰鬥開始後要行動迅速，使敵人措手不及，無從抵抗。又《吳越春秋・勾踐陰謀外傳》：「靜若處女，動若脫兔。」其意相同。

⑪曰徑……不及距者：見「注釋②」。

⑫肯綮：筋骨結合的部位，比喻要害或最重要的關鍵。明人宋濂《故奉訓大夫王府君墓誌銘》：「為定遠縣吏，出謀發慮，皆中肯綮。」

⑬咸：全部，都。

⑭然此二字，則擊刺之術盡矣：「約園本」此句作「然則三字中，擊刺之術盡矣」。若以「約園本」為是，則「三字」是指「勤、緊、徑」。然「勤」字並非擊刺之術，只有「緊」與「徑」方可稱擊刺之術。因此，此句以底本為是。

⑮勝：「約園本」作「敵」。

⑯不忮不求：忮，嫉妒。求，貪求。出自《詩經・邶風・雄雉》：「百爾君子，不知德行。不忮不求，何用不臧。」

⑰皾（一ㄠˇ）：同「咬」。

⑱勿為禍先，勿為福始：出自《莊子・刻意》：「不為福先，不為禍始，

感而後應，迫而後動，不得已而後起。」

⑲無：底本作「亡」，據「約園本」改。

⑳貰（ㄕˋ）：赦免，寬縱。《漢書·張敞傳》：「因貰其罪。」

㉑君子曰……為干櫓：干，小盾。櫓，大盾。此句出自《禮記·儒行》：「儒有忠信以為甲冑，禮義以為干櫓；戴仁而行，抱義而處。」

【今譯】

張松溪五字訣，叫作「勤、緊、徑、敬、切」。他的徒弟秘不示人，我以曾經所聽到的做虛妄的解釋。

勤，就是早起晚睡，練習手力腳力，少睡覺，親自操持家務。晉代陶侃致力恢復中原，怕過分的悠閒放逸擔不了大事，因此每天搬百磚以訓練體力，這是關於本性的東西。

緊，兩手護胸，行時護住左右脅部。擊刺不要窮盡其勢，以便可以從容收還。進退要有法度，不要舉高蹈闊，不丁不八。可以急速前進，也可以快速後退。心要經常有所覺察，切勿神志迷亂。站立一定要有依靠，不要讓背後空虛。萬物之理一起聚合，緊束全身骨骼，全身蜷縮如虎伏。兵法所說的「開始時安靜如處女，誘敵放鬆戒備」，大概如此。

徑，開始後要行動迅速，使敵人措手不及，無從抵抗。無需重新謀劃，也不要回頭，不要失去時機，則一定會擊中對方的要害。既然目的在要害之處，那麼就竭盡全力向前，如貓捉老鼠，不要錯過。擊刺的方法，盡在緊、徑二字之中。

敬，是要自我戒備保全，不要顯露自己的長處，爭強好勝者一定會遇到敵人，千萬要防患。態度謙恭舉止文雅，不嫉妒不貪求，有什麼不好呢。

切，縱使掐指咬齒，也千萬要忍住，不做禍害別人的第一人，不做造福別人的先驅，不要以身輕許別人。利害與己身密切相關，不得已而後興起。試完之後，能收時馬上收回，不可再去試驗。雖然終其一生看不見形體，成不了大名，但也無所怨悔。大約結了冤仇的人，永遠沒有釋懷的日子；觸犯法令的人，終身沒有赦免的時期，能不謹慎嗎？

聽說張松溪從孫十三老只學到前三字，後兩字為張松溪自己所增加，戒備之心就是這樣。君子說：「讀書人以忠信作為鎧甲和頭盔，以禮儀作為武器。」難道不是準備好的？讓人畏懼而準備，比讓人不害怕而不準備更為周全？學習武技用來防備禍患，然而更重要的是憂慮禍患，這樣怎麼用得上武技呢？依賴武技而不憂慮禍患，禍患來時，武技則很難取勝。所以君子應該不要依賴武技，而是要憂慮禍患。

手戰之道

陣紀・技用①

何良臣②

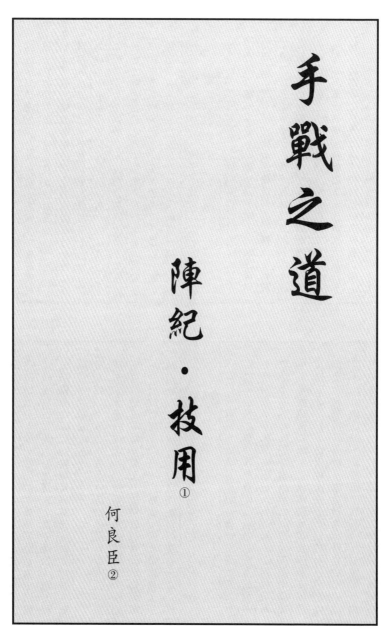

兵之長用但矢盡弓解卽爲人困故習射者必精刀劍弓解則有接濟之兵矣學弩者必熟杈鐮矢盡則有利用之具矣此在鋭意練兵者宜加意焉

學藝先學拳次學棍拳棍法明則刀槍諸技特易易耳所以拳棍爲諸藝之本源也如宋太祖之三十六勢長拳六步拳猴拳囮拳名雖殊而取勝則一焉温家之七十二行拳三十六合瑣二十四棄探馬八閃番十二短此又善之精者呂紅之八下緜張之短打李半天曹聾子之腿王鷹爪唐養吾之拏張伯敬之肘千跌張之跌他如童炎甫劉邦協李艮欽林琰之流各有神授世稱無

手战之道 阵纪·技用 一

敵然皆失其傳而不能竟所與矣扒杈棍長一丈二尺精者能入槍破刀惟東海邊城與閩中俞大猷之棍相爲表裏法有不傳之祕少林棍俱是夜叉棍法故有前中後三堂之稱前堂棍名單手夜叉中堂棍名陰手夜叉類刀法也後堂棍名夾槍帶棒牛山僧能之諺曰紫薇山棍爲第一張家棍爲第二青田棍又次之趙太祖騰蛇棒爲第一賀屠鉤杆西山牛家棒皆次之其孫家棒又出自宋江諸人之遺法耳大抵練兵教藝切須去了走跳虛文但動棍須把得堅交棍妙在下起棍入必須上壓一打一揭欲我疾陰手陽手令人疑大剪小剪

神變用大門小門藏正奇使拔刺滚殺起磕俱得其妙迺可稱棍俞大猷劍經曰待其舊力略過新力未發而急乘之似得用藝之祕矣棍法之妙亦盡於大猷劍經在學者悉心研究酌其短長去其花套取其精微久則自可稱無敵也

能殺人於二十步之外者六合槍法也復有馬家長槍沙家竿子李家短槍之名長短能兼用虛實盡其宜鋭進不可當速退不能及而天下稱無敵者惟楊氏梨花槍也所以行有守立有守守內暗藏攻殺之機槍鋒須短利而輕以不過兩爲率桿須腰硬根粗稍稱南方以竹

手战之道 阵纪·技用 一

手战之道 阵纪·技用 一

爲桿甚稱省便北地風高易裂須得絲觔纏紮乃可否則以椆木代之猶勝凡學槍先以進退身法步法與大小門闔闢串手法演熟繼以六眞八毋二十四勢的厤殺使手能熟心能靜心手與槍法混而化溶動則裕如變不可測但施於陣上則伸縮騰挪之機少稱不便故花法不必習習亦無用也此在學者自妙而運用之惟山東樊氏深得其傳惜乎老矣較比之時先看單槍試其手法身法進退步法闔串不宜甚大尺餘便好復以二十步外立木把高五尺闊八寸上分目喉心腰足五孔孔大寸許內懸圓木球每一人執槍立二十步外聽

鼓聲擂緊翻然擊槍飛身向前戳去以得孔內木球於槍尖爲熟五孔木球俱得爲精若二人比藝即不離封閉捉拏守五法而已惟能守者力自閑有隙便進是得

用槍之訣

筅之出入頗稱不便似非利器也所可恃者能作步卒之藩籬耳然非長槍短兵夾持而進則所謂能禦而不能殺者也故學筅者必以老成有力而筋骨已硬之人謂其無活跳閃賺之勢如精銳輕淩之兵又不必以重贅之器爲利用焉筅之竹節須密而稱旁枝須堅而粗筅刃須長而利以火熨之或曲或直四面扶疏如刺如戟

竟入無以爲禦戚繼光曾以綵緜數層製度牌上名曰剛柔牌以拒鳥銃終不能擋總不若綀荆花鎧法爲妙鉛子著之自下但人鮮得其製法耳

軍中諸技惟刀劍法少傳若能滾入使長短兵不及遮攔便爲熟矣如日本刀不過三兩下往往人不能禦則用刀之巧可知假月刀頭大且重使有力者用之而更能精熟三十六正刀二十四閃伏則諸兵仗當之者無不屈也馬上雙刀須長而輕後過馬尾前過馬頭爲要劍用則有術也法有劍經術有劍俠故不可測識者數十氏焉惟卞莊之紛絞法王聚之起落法劉先主之顧應

法馬明王之閃電法馬超之出手法其五家之劍庸或有傳此在學者悉心求之自得其祕也如鳳嘴刀三尖兩刃刀斬馬刀鐮刀苗刀糜西刀狼刀掉刀屈刀戟刀眉鋒刀鴈翎刀將軍刀長刀提刀之類各有妙用只是要去走跳虛文花套手法始得用刀之實故曰不在多能務求精熟設或不精反爲所累所以祕技有神授如無眞授未可強爲授之不精未可稱技精而不能變猶爲法之所泥

短兵者爲接長兵之不便然亦有長用也馬杈有突越之勢綽鈀有閃賺之機然杈不出陰陽鈀不離五路如燕

尾杈虎尾杈五龍鈀三股杈鈀尾鞭丈八鞭雙鉤槍連珠鐵鞭鷹爪飛撾開山斧剉子斧鉤鐮戟槍鐵擋鉤竿天篷鏟搗馬槍蒺藜槍鴉項槍拐突槍魚肚槍狼牙棒豹尾鞭蘆葉槍流星椎杈尾椎杈竿抓槍鐵鐗槊钁擲達鐵梧環子槍抓子棒紫金標八尺棍之類不可悉數各有專門但身法手法步法皆由拳棍上來其進退騰淩順逆之勢俱有異樣神巧殺著學之得精俱可制敵然非祕授不可強施外如花刀花槍套棍滾杈之類誠無濟於實用雖爲美看抑何益於技哉是以爲軍中之切忌者在套子武藝又所恨者在強不知而爲知

拳③

學藝先學拳，次學棍。拳棍法明，則刀槍諸技，特易易④耳，所以拳棍為諸藝之本源⑤也。

如宋太祖之三十六勢長拳⑥，六步拳，猴拳，囮拳，名雖殊，而取勝則一焉。溫家之七十二行拳⑦，三十六合鎖⑧，二十四棄探馬⑨，八閃番，十二短，此又善之精者。

呂紅之八下，綿張之短打，李半天、曹聾子之腿，王鷹爪、唐養吾之拿，張伯敬之肘，千跌張之跌，他如童炎甫、劉邦協、李良欽、林琰⑩之流，各有神授，世稱無敵，然皆失其傳而不能竟所奧矣。

【注釋】

①技用：出自何良臣《陣紀》卷二，主要列舉並介紹各種器具之名稱、功

效及用法，共十五篇，分別為旌旗類、軍鼓類、射、弩、拳、槍、筅、藤牌、刀劍、短兵、火器類、舟船、戰車、守城器械、總論。今選與武術有密切關係者校之。

②何良臣：字惟聖，號際明，生卒年不詳，浙江餘姚人。大約在明朝正德萬曆年間活動，軍事家、詩人。早年喜歡詩詞歌賦，頗有文才，後來從軍，曾立過軍功，當過幕僚，後升為薊鎮遊擊將軍。《四庫全書總目》云：「良臣當嘉靖中海濱弗靖之時，身在軍中，目睹形勢，非憑虛理斷，攘袂坐談者可比，在明代兵家，猶為切實近理者矣。」

③拳：各篇原文無標題，「拳」及後文各標題為校者依據正文內容所加。

④易易：簡易，容易。《禮記・鄉飲酒義》：「吾觀於鄉，而知王道之易易也。」

⑤拳棍為諸藝之本源：戚繼光《紀效新書・拳經捷要篇》云：「其拳也，為武藝之源。」何良臣提出「拳棍為諸藝之本源」，當是在戚氏基礎上的進一

步發展。學拳為活動身手的基礎訓練，而習棍則是武藝技擊的基礎訓練，何氏提出拳棍同為諸藝之源，極有見地。

⑥三十六勢長拳：戚繼光《紀效新書·拳經捷要篇》稱：「宋太祖有三十二勢長拳」。

⑦溫家之七十二行拳：與《紀效新書·拳經捷要篇》同，唐順之《武編·拳》作「溫家長打七十二行著」。

⑧鎖：底本作「瑣」，《紀效新書·拳經捷要篇》《武編·拳》均作「鎖」，從之。

⑨二十四棄探馬：與《紀效新書·拳經捷要篇》同，《武編·拳》作「二十四尋腿」。

⑩童炎甫、劉邦協、李良欽、林琰：四人皆為俞大猷軍中的武術教師，擅長棍技。俞大猷結合各家教師的心得，以及自身的體驗，著《劍經》一書。

【今譯】

學習武藝要先學拳術，其次學習棍術。拳棍的用法通曉明白，那麼刀槍等其他技藝，就特別容易了，因此拳棍為各種技藝的本源。

如宋太祖的三十六式長拳、六步拳、猴拳、囮拳，名稱雖不相同，但是取勝的方式一樣。溫家的七十二行拳、三十六合鎖、二十四棄探馬、八閃番、十二短，這些都是最好的拳術。

呂紅的八下，綿張的短打，李半天、曹聾子的腿，王鷹的爪，唐養吾的拿，張伯敬的肘，千跌張的跌，其他如童炎甫、劉邦協、李良欽、林琰，等等，各自有神奇的拳術，世間無敵。然而這些拳術如今都已經失傳，不能探求它們的奧秘了。

棍

杒杈棍①長一丈二尺，精者能入槍破刀。惟東海邊城與閩中俞大猷之棍，相為表裏，法有不傳之秘。

少林棍俱是夜叉棍法②，故有前中後三堂③之稱。前堂棍名單手夜叉；中堂棍名陰手夜叉，類刀法也；後堂棍名夾槍帶棒④，牛山僧能之。

諺曰：「紫薇山棍為第一，張家棍為第二，青田棍又次之。趙太祖騰蛇棒為第一，賀屠鈎杆、西山牛家棒皆次之。其孫家棒，又出自宋江諸人之遺法耳。」大抵練兵教藝，切須去了走跳虛文⑤。但動棍須把得堅，交棍妙在下起；棍入必須上壓，一打一揭⑥欲我疾；陰手陽手⑦令人疑，大剪小剪⑧神變用；大門小門⑨藏正奇，使拔剃滾殺起磕⑩。俱得其妙，迺可稱棍。

俞大猷《劍經》曰：「待其舊力略過，新力未發，而急乘之」，似得用藝之秘矣。棍法之妙，亦盡於大猷《劍經》，在學者悉心研究，酌其短長，去其花套，取其精微，久則自可稱無敵也。

【注釋】

①扒杈棍：扒，無齒的耙子；杈，木叉，一種用來挑柴草的農具。扒杈棍，是指有橫頭、叉形的木棍。

②夜叉棍法：夜叉，佛經中一種形象醜惡的鬼，勇健暴惡，能食人，後受佛之教化而成為護法之神，列為天龍八部衆之一。少林棍多為夜叉棍法，程宗猷《少林棍法闡宗·名棍源流》云：「夜叉云者，以釋氏羅刹夜叉之稱，其神通廣大，降伏其心，即可為教護法。釋氏又以虎為巡山夜叉者，即此意也。」程氏文載大小夜叉各六路。王圻著《續文獻通考》（一六〇七年著）「總論軍器」曰：「使棍之家三十有一，曰左少林、右少林，曰大巡海夜叉，曰小巡海夜叉。少林夜叉有前、中、後三堂之稱，單手夜叉也，中堂陰手夜叉也，類刀法，後堂夾槍帶棒。」

③堂：即「趟」，亦即「路」。

④棒：文淵閣四庫全書本作「棍」。

⑤走跳虛文：指武藝中的花架子，亦即後文之「花套」。

⑥一打一揭：棍法中基本的攻守技術之一，下劈為打，上挑為揭。俞大猷《劍經》：「凡日間將棍一打一揭自習，打揭俱要自聲，久則自有力。高不過目，低不過膝。」又，「一打一揭，遍身著力。」向愷然《子母三十六棍》（見《國技大觀・專著類》，一九二三年）注云：「打者，己棍壓人棍而進，身起則壓重；揭者，以己棍撥人棍而進，身沉則棍自起而有力。所謂一打一揭，遍身著力者，著遍身之力，於一打一揭之棍也。」

⑦陰手陽手：手心向下握棍者為陰手；反之則為陽手。

⑧大剪小剪：剪，即向前斜上方格對方之棍。兩棍相交，前部相交為小剪；中部相交為大剪。

⑨大門小門：大門，胸腹與兩臂之間的部分。小門，兩腿之間。

⑩拔剃滾殺起磕：拔，《陣紀注釋》（陳秉才點校）疑為「撥」之誤，並釋為「防左側棍為撥」，不確。俞大猷《劍經》云：「直磕一聲就殺去，不用

拔剃，亦甚緊矣。惜無困死人棍之法，大抵用拔剃為是。」又，「右劉邦協之傳，中間有拍位，不用拔剃洗落，只撤手殺，則又緊矣。但困死人棍之法，大抵前用拔剃為是，小門亦然。」俞氏多次提及「拔剃」，且「拔剃」連用，故「拔」不應為「撥」之誤。此外，若為「撥」之誤，則其繁體應為「撥」，而不是「拔」，《陣紀》惜陰軒本、墨海金壺本、四庫全書本均作「拔」，又《劍經》《紀效新書・短兵長用篇》也均作「拔」。所以，此「拔」，則指由下向上的牽提之棍法。

剃，俞大猷《劍經》云：「剃是他高打來或高殺來，或他雖把定未動，但棍尾高有十定，我用棍尾量一尺之處，與他棍尾或棍中相遇剃下。」故所謂「剃」，即指我用棍尾一尺之處，與對方棍尾或棍中相遇之時，順棍而下，削擊其手而殺其身。

滾，俞大猷《劍經》云：「滾是他低平直殺來，我棍在高，遂坐下，量離了手前一尺，與他棍尾相遇，順滾至他手殺他身。」故所謂「滾」，即指我用手前一尺棍處，與對方棍尾相遇，順滾而上，削擊其手而殺其身。

《中國武術大辭典・基本技法》之「上剃下滾」條言：「棍從裡上削為剃，從外向下為滾。」此釋義是從向愷然注《子母三十六棍》（見《國技大觀・專著類》）而來，向氏云：「從裡上削者為剃，反是則謂之滾，故曰分左右。即上來用剃，下來用滾之意也。」此說有誤。

按：剃為對方從高處打來或高處殺來，而我棍尾於他棍尾或棍中相遇後剃下，則應為向下削擊；若向上削，則無法至其手而殺其身。滾為對方出低平直殺，則他身手高於棍端，若我再往下削，亦不能至其手而殺其身。

起磕，即以棍由下往上碰擊彼棍，意在碰開彼棍。磕，既為防守，又為進攻。馬明達認為，磕的關鍵在於「二人對練時一定要磕打出聲響來，這標誌著防守得力，所謂「千金難買一聲響」，就是指磕得乾脆而響亮。」（見《活把棍與死把棍》）俞大猷《劍經》多次言及「磕」法，如：「先侵二三尺一打，坐身沉棍頭，他必進殺。我就下起磕，一響，大進步打剪，或丁字回打剪，然後扁身殺他。喬教師曰：『彈槍則在下面，橫捧亦起磕之法。』但在下面橫，則無不響之理矣。童教師曰：『一聲響處值千金，彼失隄防我便贏』是也。」又「剪打急起磕，起磕復急剪打，剪打復急起磕，相連而進，彼人何處殺將來。」

【今譯】

杋杈棍長一丈二尺，精通者能以此擊敗刀槍。只有東海邊城與福建俞大猷的棍法，不相上下，招法有不傳之秘。

少林棍都是夜叉棍法，所以有前、中、後三趟的說法。前趟棍叫單手夜叉；中趟棍叫陰手夜叉，類似刀法；後趟棍夾槍帶棒，牛山寺的僧人會使用。

諺語說：「紫薇山棍為第一，張家棍為第二，青田棍又次之。趙太祖騰蛇棒為第一，賀屠鈎杆、西山牛家棒都次之。至於孫家棒，又出自宋江等人的遺傳。」總的說來，訓練士兵學習武藝，務必去掉蹦蹦跳跳的花法動作。但比試棍法時要握得牢固，兩棍相交最妙是自下而上；棍切入時必須上壓，下劈上挑讓我的動作迅疾；正手反手令人生疑，大剪小剪變化如神；大門小門隱藏奇正變化，使用拔、剃、滾、殺、起、磕等各種技法，都能得到精巧之處，才可以稱得上善於使棍。

俞大猷《劍經》說：「等待對手舊的力量剛過，新的力量還未發出之際，迅速出棍壓制對方。」似乎深得棍法的奧秘所在。棍法的精妙處，也全都記載於俞大猷的《劍經》一書中，在於學習者悉心研究，斟酌其優劣，去掉其中的花法動作，吸取其中的精華，長久練習，自然稱得上天下無敵。

槍①

能殺人於二十步之外者，六合槍法②也。復有③馬家長槍、沙家竿子、李家短槍之名。長短能兼用④，虛實盡其宜，銳進不可當，速退不能及。而天下稱無敵者，惟楊氏梨花槍⑤也。所以行有守，立有守，守內暗藏攻殺之機。槍鋒⑥須短利而輕，以不過兩為率⑦，桿須腰硬，根粗稍稱。南方以竹為桿，甚稱省便；北地風高易裂，須得絲舫⑧纏紥乃可，否則以椆木代之猶勝⑨。

凡學槍，先以進退、身法、步法，與大小門圈、圈串手法演熟；繼以六真八母⑩、二十四勢⑪的廝殺，使手能熟，心能靜，心手與槍法混而化溶⑫，動則裕如⑬，變不可測。

但施於陣上，則伸縮騰挪之機，少稱不便，故花法不必習，習亦無用也，此在學者自妙而運用之。惟山東樊氏深得其傳，惜乎老矣。

較比之時，先看單槍，試其手法、身法、進退步法⑭。圈串不宜甚大，尺餘便好⑮。復以二十步外立木把，高五尺，闊八寸，上分目、喉、心、腰、足五孔，孔大寸許，內懸圓木球。每一人執槍立二十步外，聽鼓聲擂緊，翻然擎槍，飛身向前戳去，以得孔內木球於槍尖為熟，五孔木球俱得為精⑯。

若二人比藝，即不離封、閉、捉、拏、守五法而已。惟能守者力自閑，有隙便進，是得用槍之訣。

【注釋】

①槍：各篇原文無標題，「槍」及後文各標題為校者依據正文內容所加。墨本、四庫本，二本相同，但與惜陰軒本有些許差異：惜陰軒本首句有「能殺人於二十步之外者六合槍法也復有」十七字，而墨本與四庫本首句直接以「馬家長槍、沙家竿子……」開頭。墨本、四庫本篇尾有「故曰：能殺人於二十步外者，長槍也。」透過仔細對比，應以墨本與四庫本為底本，惜陰軒本為參校本，進行校釋。理由如下：

其一，惜本的首句有些突兀，且若以惜本為準，則言外之意是只有六合槍法能殺人於二十步之外。然而六合是指六組槍法變化的技法，而非與馬家、沙家、李家並列；此外吳殳提出「六合乃馬家槍名」，所以其應為馬家之法，故不可獨立置於文前，且以「復有」二字連接。如此，則與文意不符。

其二，此篇後部屬於比較槍法時的一些規格與規範，且以二十步為準，所以，篇尾有「故曰能殺人於二十步外者長槍也」句，非常契合文意。

其三，惜本文中多有缺漏，如「槍制」，惜本無而墨本、四庫本存。

綜上，故選擇墨本、四庫本為底本，惜陰軒本為參校本。

②六合槍法：六合，天地和四方之謂，泛指天地或宇宙。《莊子・齊物論》：「六合之外，聖人存而不論；六合之內，聖人論而不議。」成玄英疏：「六合者，謂天地四方也。」六合槍法，即六組槍法變化的常用技法，戚氏《紀效新書・長兵短用說篇》與唐順之《武編前集・卷五》均有論說，然不盡相同。

③「能殺人於二十步之外者六合槍法也復有」十七字，惟惜陰軒本有，墨海金壺本、四庫全書本均無。

④長短能兼用：是說槍的用法可長可短。《紀效新書・長兵短用說篇》云：「長則謂之勢險，短則謂之節短。」此是說槍法長用之時，態勢險峻，銳不可當；短用之時，節奏短促，迅猛異常。

⑤梨花槍：亦即楊家槍，傳為南宋末年紅襖軍首領李全之妻楊氏所創。

《四庫禁毀書叢刊・子部・26冊》之《軍器圖說》云：「梨花槍者，用梨花一筒，繫於長槍之首，臨敵用之，一發可遠去數長，人著其藥，即昏眩倒地，火盡仍可刺戰。宋李全嘗用之，以雄山東。所謂二十年梨花槍，天下無敵手，是也。」

⑥槍鋒：即槍頭。

⑦以不過兩為率：是指槍頭的重量以不超過一兩為標準。然槍頭之重不超過一兩，雖然可視為「短利而輕」，但似乎有悖事理。《紀效新書》（十八卷本）各本亦均作「重不過兩」。馬明達認為，「兩」字之上當有脫字，所脫者似為「四」字，其據為：「其一，點校者所藏清道光十年刻本（即庚寅本），『兩』字上有馬鳳圖先生墨筆校補的「四」字。其二，程宗猷《耕餘剩技・少林棍法闡宗》有『槍式』三圖，其第一圖注云：『槍頭長共六寸，重三兩五錢，四兩止矣。』第三圖注云：『槍頭長七寸，重四兩。』其三，李承勳刊本《紀效新書》卷之四『長槍制』注云：「槍頭，此不可過四兩。」（見《紀效

新書》馬明達點校本）

按：茅元儀《武備志·卷一〇三·軍資乘·器械》所載「槍制」與程宗猷所記相同。

⑧絲觔：觔，即「斤」。絲觔，即絲斤，指蠶絲。蠶絲以斤計量，故稱。林則徐《擬諭英吉利國王檄》：「又外國之呢羽嗶嘰，非得中國絲斤，不能成織。」

⑨南方以竹為桿……否則以椆木代之猶勝：此句墨海金壺本、四庫全書本均無。

⑩六眞八母：《陣紀注釋》（陳秉才點校本）作「六直八母」，以惜陰軒本、墨海金壺本、四庫全書本為例，均作「六眞」，非「六直」，陳校本認為：『六直』是指六合槍法第六合的一招；『八母』是第一回的起手一招。」此說不確。按「六眞」應為槍法的六個（組）主要技法，此處或為「六合」之意。「八母」為槍法的八種基本技術，而槍法的所有動作都出自這八種基本技

術，故稱之為「母」。程宗猷《長槍法選》作「八槍母」，云：名「母」者「蓋槍法變幻雖多，然皆不外此八著之相生，如習書家，有先習永字之說，亦以永字八法皆備，而餘字不外此八筆之法耳。明乎習永字者，即明八槍母之說矣。」

按：明代以來，各家對「八母」之說不盡相同，如程宗猷《長槍法選‧散劄拔萃》云：八槍母，「槍以八名者，蓋以圈裡槍、圈外槍、圈裡低槍、圈裡高槍、圈外低槍、圈外高槍、吃槍、還槍，八著而言」。洪轉《夢綠堂槍法》（吳殳輯，見《手臂錄》）之「槍法八母」則為：「封、閉、提、擄、拿、攔、還、纏。」

⑪二十四勢：指二十四個槍勢習法。《紀效新書‧長兵短用說篇》與《手臂錄‧馬家槍二十四勢》均有二十四勢，但《手臂錄》作「馬家槍二十四勢」，其據為二十四勢之「四夷賓服勢」云：「乃中平槍法，作二十四勢之元，為六合之主。六合乃馬家槍名，足知二十四勢，馬家法也。」戚、吳二著

紀效新書	手臂錄
夜叉探海勢　四夷賓服勢　指南針勢　十面埋伏勢　青龍獻爪勢 邊攔勢　鐵翻竿勢　跨劍勢　鋪地錦勢　朝天勢　鐵牛耕地勢 滴水勢　騎龍勢　白猿拖刀勢　琵琶勢　靈貓捉鼠勢　泰山壓卵勢 美人紉針勢　蒼龍擺尾勢　闖鴻門勢　伏虎勢　推山塞海勢 鷂子撲鵪鶉勢　太公釣魚勢	四夷賓服勢　指南針勢　十面埋伏勢　蒼龍擺尾勢　青龍獻爪勢 滴水勢　騎龍勢　美人紉針勢　抱琵琶勢　太公釣魚勢 鐵牛耕地勢　闖鴻門勢　鋪地錦勢　白猿拖刀勢　推山塞海勢 鷂子撲鵪鶉勢　鐵幡竿勢　靈貓捕鼠勢　伏虎勢　邊攔勢 跨劍勢　朝天勢　泰山壓卵勢　夜叉探海勢

之「二十四勢」名稱相同，惟順序不同而已，故列於後，以備參考。

⑫心手與槍法混而化溶：墨海金壺本、四庫本作「心手與槍法兩化」。

⑬裕如：自如之意。

⑭手法、身法、進退步法：《紀效新書・或問篇》云：「長槍，單人用

之，如圈串，是學手法；進退，是學步法、身法。」

⑮圈串不宜甚大，尺餘便好：對於圈串的大小，戚繼光與唐順之曾有一段極其精當的對話。《紀效新書·長兵短用說篇》云：「巡撫荊川唐公於西興江樓自持槍教余，繼光請曰：『每見他人用槍，圈串大可五尺。兵主獨圈一尺者，何也？』荊翁曰：『人身側形只有七八寸，槍圈但拿開他槍一尺，即不及我身膊可矣。圈拿既大彼槍開遠，亦與我無益，而我之力盡難復。』」

⑯每一人執槍……俱得為精：墨海金壺本、四庫全書本此句之後為：「故曰：能殺人於二十步外者，長槍也」。無「若二人比藝，即不離封、閉、捉、拿、守五法而已。惟能守者力自閑，有隙便進，是得用槍之訣」一段。

【今譯】

能在二十步之外殺人的是六合槍法，又有馬家長槍、沙家竿子、李家短槍之名。槍的用法可長可短，虛實之法使用極為恰當，急速進招銳不可當，快速退避對手不能跟進。而稱天下無敵的，只有楊家梨花槍法。所以行進要有防守，站立要有防守，防守之中暗藏著攻殺的機會。槍尖要短小銳利又輕便，以不超過一兩為準，槍桿中部要堅硬，根部稍粗，至槍尖逐漸變細。南方用竹為槍桿，非常省事方便；北方風大竹杆容易破裂，必須用絲斤纏紮才行，否則用椆木代替更好。

大凡學習槍法，先要把進退、身法、步法與大小門圈、圈串手法演練精熟；接著演練六真八母、二十四勢的廝殺，使手能熟，心能靜，心手與槍法融為一體，動作得心應手，變化不可預測。

但要是在戰場上施展，那麼伸縮騰挪的變化，就稍有不便，因此花法的動作不必學習，即使學習也沒有用，這在於學習者自己領會其中的奧妙並加以運用。只有山東的樊氏，深得槍法秘傳，可惜年紀已老。

比試槍法之時，先看單槍，考查其手法、身法、進退步法。圈串不宜太大，一尺左右便好。又在二十步外立木靶，高五尺，寬八寸，上分眼、喉、心、腰、足五孔，孔大一寸左右，孔內懸掛圓木球。每人執槍站在二十步外，聽到鼓聲急速擂響，翻轉身體端起槍，飛身向前刺去，以槍尖刺中孔內木球為熟練，五孔木球都能刺中為槍法精練。

要是二人比賽槍法，便離不開封、閉、捉、拿、守五種招法。只有善於防守的人用力自然輕鬆，有空檔便進擊，這才是掌握了用槍的秘訣。

刀劍

軍中諸技，惟刀劍法少傳，若能滾入①，使長短兵不及遮攔，便為熟矣。如日本刀不過三兩下②，往往人不能禦，則用刀之巧可知。偃月刀③頭大且重，使有力者用之，而更能精熟三十六正刀、二十四閃伏④，則諸兵仗當之者無不屈也。馬上雙刀，須長而輕，後過馬尾，前過馬頭為要。

劍用則有術也，法有《劍經》⑤，術有劍俠，故不可測，識者數十氏焉。惟卞莊之紛絞法、王聚之起落法、劉先主之顧應法、馬明王之閃電法、馬超之出手法⑥，其五家之劍，庸⑦或有傳，此在學者悉心求之，自得其秘也。如鳳嘴刀、三尖兩刃刀、斬馬刀、鐮刀、苗刀、糜西刀、狼刀、掉刀、屈刀、戟刀、眉鋒刀、雁翎刀、將軍刀、長刀、提刀之類⑧，各有妙用。只是要去走跳虛文、花套手法，始得用刀之實。

故曰：不在多能，務求精熟；設或不精，反為所累。所以秘技有神授，如無真授，未可強為；授之不精，未可稱技⑨；精而不能變，猶為法之所泥⑩。

【注釋】

①若能滾入：墨海金壺本、四庫本無「若能滾入」四字。

②三兩下：《陣紀注釋》（陳秉才點校本）釋為「重量三兩以下」。此說不確，此「三兩下」是指日本刀法在實戰時往往三兩個回合就可取勝他人，故「往往人不能禦」。

按：日本刀至遲在宋代便開始輸入中國，並有「寶刀」之譽。至明代，日本刀更是以進貢、勘合貿易、走私等形式大量進入中國。宋明以來，更是有許多文人作《日本刀歌》或題詠日本刀的詩文，如北宋歐陽修、明代唐順之、清代梁佩蘭、陳恭尹、袁嘉谷、嚴公孫等，對日本刀倍加稱頌。

明代中葉，日本海盜侵擾沿海地區，日本刀便是倭寇的主要兵器，對軍民造成了很大的威脅。因此，明代的軍事家、武藝家多有關注。

如戚繼光《紀效新書・短器長用解》（十二卷本）云：「長刀，此自倭犯中國始有之。彼以此跳躍光閃而前，我兵已奪氣矣。倭喜躍，一迸足則丈餘，刀長五尺，則大五尺矣。我兵短器難接，長器不捷，遭之者身多兩斷。緣器利而雙手使用，力重故也。」

程宗猷在《單刀法選》中亦言：「其用法，左右跳躍，奇詐詭秘，人莫能測。故長技每每敗於刀。」

晚明屈大均在《廣東新語・器語・刀》中更有精到論述：「其人率橫行疾鬥，飄忽如風，常以單刀陷陣，五兵莫禦。其用刀也，長以度形，短以躍越，蹲以為步，退以為伐。臂以承腕，挑以藏撇。豕突蟹奔，萬人辟易，眞島中之絕技也。」

諸家所論，如「短器難接，長器不捷」「左右跳躍，奇詐詭秘」，等等，實可想像「用刀之巧」，所以「往往人不能禦」也在情理之中了。

③偃月刀：刀頭形似半月，故名。宋《武經總要・卷十三・器圖》作「掩月刀」，時為軍中七種長柄刀之一。明代由於笨重不便，已不用於戰陣，而演變為演習、操練等顯示軍威的儀式性兵杖。如茅元儀《武備志・器械》便言：「偃月刀以之操習示雄，實不可施於陣也。」然王圻父子所編纂之《三才會圖・器用卷六》云：「惟關王偃月刀，刀勢既大，其三十六刀法，兵仗遇之，無不屈者，刀類中以此為第一。」

王圻、王思義父子為明代文獻學家、藏書家，對於戰陣武藝之事，並不擅長，《三才圖會》所載武藝部分，也為廣輯他人之說，所以偃月刀在明代是否仍施於戰陣，應為職業軍事家所論為準。

④閃伏：墨海金壺本、四庫本均作「門伏」。其與「正刀」同為偃月刀刀法名稱。

⑤劍經：專門講述劍法的著作，非俞大猷之棍法名著《劍經》。

⑥惟卞莊……馬超之出手法：卞莊，即卞莊子，春秋時魯國大夫，食邑於卞（今山東泗水縣東），謚莊，以勇力馳名，傳說曾刺雙虎。《史記·張儀列傳》云：「亦嘗有以夫卞莊子刺虎聞於王者乎？莊子欲刺虎，館豎子止之，曰：『兩虎方且食牛，食甘必爭，爭則必鬥，鬥則大者傷，小者死，從傷而刺之，一舉必有雙虎之名。』卞莊子以為然……一舉果有雙虎之功。」

按：王聚、馬明王二人生平不詳，劉先主即劉備，馬超為三國名將。「紛絞法、起落法、顧應法、閃電法、出手法」五種劍法，同出偽託，實非卞莊等五人所流傳的劍法。

⑦庸：或許，大概之意。《左傳·昭公五年》：「今此行也，其庸有報志。」

⑧如鳳嘴刀……提刀之類：鳳嘴刀，刀頭呈圓弧狀，刀刃鋒利，刀背斜闊，長柄施鐏。宋《武經總要》列為「刀八色」之一。

三尖兩刃刀，刀身雙刃，刀尖分為三支，呈「山」字形。明代稱「二郎刀」，因《西遊記》《封神演義》等神話小說中，天神二郎眞君擅用此刀，故得名。

斬馬刀，宋代出現的一種步戰長刀，常用以對付騎兵。《宋史・兵志十一》載，斬馬刀：「鐔長尺餘，刃三尺餘，首為大環。」

鐮刀，農具，此或為鈎鐮刀之誤。茅元儀《武備志・軍資乘・器械二》載：「鈎鐮刀，用陣輕便。」「須竹長而輕，刃彎而利，乃得實用。」

苗刀，西南少數民族苗族所鍛造之刀。屈大均《廣東新語・器語・刀》言：「有苗刀，其紋以九簾為上，輕便斷牛。」又稱流傳於我國民間武術界的日本雙手刀法。此文所列刀類，均以形制所分，而非技法，故「苗刀」應為西南少數民族苗族所鍛造之刀。

麋西刀，又稱米昔刀、米息刀，騎兵用刀，刀形彎如半月，元代末年埃及進貢始入中國。馬明達曾作《「米昔刀」考》一文，論述甚詳。

狼刀，形制不明，唯見於《陣紀》所載。

掉刀，長柄大刀一種。《武經總要》卷十三列為「刀八色」之一，其載：「掉刀，刃首上闊，長柄施鐏。」

屈刀，長柄大刀一種。《武經總要》卷十三列為「刀八色」之一，其載：「屈刀，刃前銳後斜闊，長施柄鐏。」

戟刀，異形長柄刀，側邊附有月牙狀刃。《武經總要》卷十三列為「刀八色」之一。

眉鋒刀，長柄大刀，刀似眉。《武經總要》卷十三「刀八色」有眉尖刀，或為此。

雁翎刀，古刀名，取形似雁翎之故。宋代王應麟《玉海·卷一五一·兵制》云：「乾道元年十一月二日，命軍器所造雁翎刀，以三千柄為一料。」元人張憲《玉笥集》：「我有雁翎刀，寒光耀冰雪。」

將軍刀，形制不明，或為軍隊將領之佩刀。

長刀，即日本刀。茅元儀《武備志・軍資乘・器械二》載：長刀，則倭奴之制。

提刀，形制不明。

⑨未可稱技：墨海金壺本、四庫全書本均缺。

⑩精而不能變，猶為法之所泥：泥，拘泥，不變通。此句意為若刀法精熟但不能變通者，則被所學的死套數束縛了。

【今譯】

軍中的各種武藝，只有刀劍的用法很少傳授，如果能加入使用，使長短兵器來不及遮擋阻攔，便算是熟練了。比如日本刀，實戰的時候三兩個回合就可取勝，而人們往往不能抵禦，用刀的巧妙由此可知。偃月刀頭大且重，讓有力量的人使用，又能精熟三十六正刀、二十四閃伏的方法，那麼沒有什麼兵器可以抵擋得住。馬上雙刀，要長而輕便，後面超過馬尾，前面超過馬頭。

劍的使用是有技術的，記載方法的有《劍經》，講究技術的有劍俠，所以劍法劍術深不可測，懂得的有數十家。

只有卞莊的紛絞法、王聚的起落法、劉先主的顧應法、馬明王的閃電法、馬超的出手法，這五家的劍法，或許還有傳世，這些需要學習者盡心尋求，自然能得到其中的奧秘。其他如鳳嘴刀、三尖兩刃刀、斬馬刀、鐮刀、苗刀、糜西刀、狼刀、掉刀、屈刀、戟刀、眉鋒刀、雁翎刀、將軍刀、長刀、提刀之類，各有妙用。只要是去掉花套手法，才能掌握用刀的實戰招法。

所以說，不在於掌握技術的多少，而是要精通熟練；假如技術不精，反而會受到拖累。所以說，秘技有秘密傳授，如果沒有真正的傳授，不可強求學習；傳授不精，不能稱為是技藝；若刀法精熟但不能變通者，則被所學的死套數束縛了。

短兵

短兵者，為接長兵之不便，然亦有長用也。

馬杈有突越之勢，綽鈀有閃賺之機，然杈不出陰陽，鈀不離五路①。如燕尾杈、虎尾杈、五龍鈀、三股杈、鈀尾鞭、丈八鞭、雙鉤槍、連珠鐵鞭、鷹爪飛撾、開山斧、蚪子斧、鉤鐮、戟槍、鐵欓、鉤竿、天篷鏟、搗馬槍、蒺藜椎、鴉項槍、拐突槍、魚肚槍、狼牙棒、豹尾鞭、蘆葉槍、流星椎、杈尾椎、杈竿、抓槍、鐵鐧、檠、钁、擲遠、鐵梧、環子槍、抓子棒、紫金標、八尺棍之類②，不可悉數，各有專門。但身法、手法、步法，皆由拳棍上來。其進退、騰凌、順逆之勢，俱有異樣神巧殺著③，學之得精，俱可制敵。然非秘授，不可強施。外如花刀花槍、套棍滾杈之類，誠無濟於實用，雖為美看，抑何益於技哉？是以為軍中之切忌者，在套子武藝；又所恨者，在強不知而為知。

【注釋】

①五路：是指刺、砍、叉、擋、拉五種用法。

②如燕尾杈……八尺棍之類：燕尾杈、虎尾杈、三股杈，此三種均為長柄杈。其中燕尾、虎尾為兩股杈，虎尾杈比燕尾杈之杈頭長，且杈間距較近。三股杈杈頭成「山」字形。

五龍鈀，钂鈀的一種。

鈀尾鞭、丈八鞭、連珠鐵鞭、豹尾鞭，此四者均為鞭類短兵，其名稱因形狀而定，大小、長短、輕重因人而異。

雙鈎槍，槍九色之一，為戰陣騎兵所用。《三才圖會·器用卷六》云：「木杆上刃下鐏，騎兵則槍首之側施倒雙鈎。」

鷹爪飛撾，一種軟兵器，用長繩繫之。

鴉項槍，《三才圖會·器用卷六》云：「鴉項者，似錫飾鐵嘴，如烏項之白。」

拐突槍，墨海金壺、四庫本不載。《三才圖會・器用卷六》云：「拐突槍桿長二丈五尺，上施四棱麥穗鐵刃，連袴，長二尺，後有拐。」

抓槍，《三才圖會・器用卷六》云：「抓槍長二丈四尺，上施鐵刃，長一尺，下有四逆須連袴，長二尺。」

環子槍，《三才圖會》槍九色之一，形制與雙鉤槍類似，器形略小。

天蓬鏟，《三才圖會・器用卷八》云：「形如月牙，內外皆鋒，刃橫長二尺，柄長八九尺或一丈，兵馬步戰第一。利器直推，可以削手；往上推則鏟首；下推則鏟足，或鉤敗卒之足。或於上風揚塵，妙不勝述。」

杈竿，《三才會圖》作「叉竿」。《三才圖會・器用卷八》云：「叉竿長二丈兩尺，用叉以叉飛梯及登城。」顯然，叉竿只是作守城之用。

鉤竿，《三才圖會・器用卷八》云：「如槍兩傍加曲刃，竿首三尺裹以鐵葉，施鐵刺如雞距。」

剉子斧，《三才圖會・器用卷八》云：「剉手斧，直柄橫刃，刃長四寸，厚四寸五分，闊七寸，柄長三尺五寸，柄施四刃，長四寸，並用於敵樓戰棚、滔空版下、鈎刺攻城人及斫攀城人手。」

抓子棒、狼牙棒，《三才圖會‧器用卷六》之「棒」條云：「取重木為之，長四五尺，……棒首無刃而鈎者，亦曰鐵抓；植釘於上，如狼牙者，曰狼牙棒。」「鐵抓」亦即抓子棒，即棒首施以鐵爪。

流星椎，墨海金壺本作「流星錘」。

搗馬槍，《三才圖會》作「搗馬突槍」，「器用卷六」云：「搗馬突槍，其狀如槍，而刃首微闊。」

鐵鐗，《三才圖會‧器用卷六》云：「鐵鐗『其形大小長短，隨人力所勝，用之人有作四棱者，謂之鐵鐗，言方棱似鐗形，皆鞭類也。』」

棨（ㄑㄧˇ），有繒衣的戟。為古代官吏出行時用作前導的一種儀仗。繒，古代對絲織品的總稱。

钁（ㄐㄩㄝˊ），一種形似鎬的刨土農具。

擲遠，即「飄石」。古代一種以竹竿發射石彈致遠殺敵的裝置。《陣紀・技用》云：「器具屢有異名，如以鐵蒺藜為鬼箭，以擲遠為飄石，以伏弩為耕戈。」

鐵梧，用堅重木做成的兵器，兩頭粗大，以倒須釘置其上，為杆棒。梧，通杵。

③殺著：惜陰軒本無，據墨海金壺本補入。

【今譯】

各種短兵器，是為了彌補長兵器的不足，但也可作為長兵器使用。

馬杈有突越的功效，綽鈀有躲閃的機宜。但是杈不出正手反手兩種招數，鈀離不開刺、砍、叉、擋、拉五種招法。如燕尾杈、虎尾杈、五龍鈀、三股杈、鈀尾鞭、丈八鞭、雙鈎槍、連珠鐵鞭、鷹爪飛撾、開山斧、剉子斧、鈎鐮、戟槍、鐵攩、鈎竿、天篷鏟、搗馬槍、蒺藜椎、鴉項槍、拐突槍、魚肚槍、狼牙棒、豹尾鞭、蘆葉槍、流星椎、杈尾椎、杈竿、抓槍、鐵鐧、梨、钂、擲遠、鐵梧、環子槍、抓子棒、紫金標、八尺棍之類，數不勝數，各有專門的使用方法。

但是身法、手法、步法，都是由拳術棍法演變而來。它們的進退、跳躍、順逆的招勢，都有不同的神巧殺招，學習精熟，都可以制服敵人。但如果不是高人秘傳，則不能勉強使用。

其他如花刀花槍、套棍滾杈之類，實在無益於實用，雖然好看，對技藝又有什麼益處呢？因此，軍隊中切忌的，是套路武藝；所應痛恨的，是強不知而為知。

手戰之道

武編前集·卷五

唐順之①

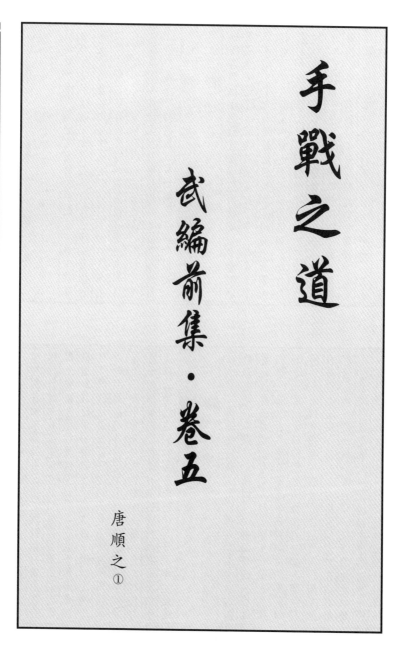

春碎篩取米大屑調生漆傳上油浸透則利刃不能入

拳

拳有勢者所以爲變化也橫邪側面起立走伏皆有墻戶可以守可以攻故謂之勢拳有定勢而用時則無定勢然當其用也變無定勢而實不失勢故謂之把勢作勢之時有虛有實所謂驚法者虛所謂取法者實也似驚而實取似取而實驚虛實之用妙存乎人故拳家不可執泥裡外圈長短打之說要須完備透曉乃爲作手技欲精欲多用欲熟欲颼欲狠兩精

則多者勝兩多則熟者勝兩熟則颼與狠者勝數者備矣乃可較敵一家數温家長打七十二行着二十四尋腿三十六合鎖趙太祖長拳多用腿山西劉短打用頭肘六套長短打六套用手用低腿吕短打六套趙太祖長拳山東專習江南亦多習之三家短打鉞亦頗能温家拳則鉞所專習家有譜今不能盡述也略具數節于後一勢四平勢井闌四平勢高探馬勢指襠勢一條鞭勢七星勢騎虎勢地龍勢一撒步勢拗步勢長拳變勢短打不變勢逼近用短打若遠開則用長拳行着既曉短打復會行着短不及長矣

一手有上中下切斫鈎扳攙金手高立搭揚逼攻扑盤旋左右脚來蹐調出五橫三推肘你行當面我行傍你行傍來我直走倘君惡狠奔當胷風雷絞砲劈掛手騰搥手雙打雙砍雙過肘左右走手怕邊拳調出飛虹忽捉手喝聲打上下頭虛顧下還須上捉手只此三真訣是原傳還有通仙六隻手旂鼓拳閃橫拗步脚上前高怕黄鶯雙拍手低怕撩陰跨襠拳挨靠緊追休脫手會使斜橫搶半邊長拳行着凡打法行着多從探馬起直行虎打法三着打左右七星拗步高探馬驚法右腿蹴驚右手斬手左手飛拳上臉連

右手拳一齊再發搭脚進步高探馬左拳哄臉右腿低彈左腿右拳飛拳上臉倒身一蹐倒揷幡高探馬專打高探馬右腿驚左腿左腿上蹐玉女穿針高探馬變一條鞭右拳驚右腿隨拳窩裡䠞出倒馬鎈四平變身法回身勒馬聽風諸勢俱打一腿六腿左右通用本家俱有短腿可破又有還腿可用一鑽左上右鑽右上左鑽一蹐左顛右蹐右顛左蹐左偷右蹐右偷左蹐一鎈一蹴一掛一跟一低彈演法几學腿先虛學踢開腿後依法演習鑽腿虛學蹐腿懸米袋或蒲團學鎈腿虛學或用柱掛蹴腿虛學或用掛柱

手战之道 武編前集·卷五 一

腿用柱學跟腿虛踢後用柱式彈腿用三尺長櫈竪
立或用石礅在平地上學
圓光手四平手腮肩手高搭手沉墜手釣脚行着短
打長拳卧魚脚跽一脚鬼撮脚伸一脚俱右俱用鐵
門拴帥搶壁卧番身雙脚打重不倒身站法脚尖正
背人腿起如馬踢爲樁腿平踢爲彈腿習彈腿便捷
用櫈以脚凳竪地上彈腿踢去取平行不倒爲度習
彈腿力用磉石以踢遠磉石爲度習蹬腿虛腿用糠
懸梁上蹬腿高踢去復還以俱腰力爲主度習蹬腿
實腿用柱以樁腿踢柱上儘力爲度鈎腿指拳腿灣

向裡習樁腿則有力綿張拳護胷脇腰温拳護頭面
頸脚要打高手亦取高專用脚以手輔之手不能當
脚脚起半邊虛説不着温家高脚拄下用脚接低脚
踢上用脚斷長拳張拳設套待彼入套本家設套待
敂調處疾遲㳙死四勝左手如鑽錢右手如弄琴前
腿如山後腿如撑前手如龍變化後手如虎靠山左
右不離前後方鈎入眼不睫見鎗速進鈎連密莫犯
莫敵點用單手送如點水蜻蜓有活動之意扎用雙
手老實送一扎用稍一棍用根根稍互用步步進前
如陰手棍陰手蓋陽手𢬵此是少林士眞妙訣扒止

左右打上揭不宜向下磕恐扒頭重難起也盤腿裡
盤外盤腿

鎗

頭一合鎗先用圈鎗爲毋後用封閉捉拏救護閃賺
是花鎗名色叫做梨花擺頭第二合先有纏鎗後有
攔鎗黃龍戰扞黑龍入洞拿鎗救護閃賺是花鎗名
色叫做鐵子掃第三合鎗先有穿指鎗後有穿袖鎗
鷂子拿鵪鶉救護閃賺是花鎗名色叫做鳳點頭第
四合鎗先有白拿鎗後有進步鎗如猫捉鼠加朋退
救護閃賺是花鎗叫做白蛇弄風第五合鎗先有迎

風鎗後有截進鎗四封四閉死中返活無中生有四
面使鎗第六合一截二進三拿四纏五攔六徹共加
六路花鎗上有埸秦王摩旗下有埸撥草尋蛇中調
四路閃賺梨花擺頭鐵掃子鳳點頭白蛇弄風
爾鎗動我鎗拿爾鎗不動我鎗發中間一點難招架
指人頭取人面高低遠近通要見鎗勢浮腰索先取
手後取脚取了脚與手閉住五路通傷口鎗有三件
大病那三件大病一立身法不正二立當不上不照
鼻尖中不照鎗尖下不照脚尖三件大病疾上又加
疾扎了猶嫌遲

他使裡把門等我我將鎗閃向圈外攔拿放鎗他若一攔拿我我閃過圈裡進鎗他若使外把門等我我將鎗閃過圈裡纏拿放鎗他若一纏拿我我閃過圈外進鎗此順其勢而用之也他若使裡把門等我我用纏拿硬上一剳放鎗他纏拿我我閃從圈外進鎗他若使外把門等我我攔拿硬上一剳放鎗他攔拿我我閃從圈裡進鎗此逆其勢而用之也番來覆去我從圈裡放鎗他纏拿我我閃從圈外反攔拿他所謂死中反活也番來復去我從圈外放鎗他攔拿我我閃過圈裡反纏拿他所謂無中生有也拿圈裡鎗

爲纏拿爲封拿圈外鎗爲攔拿爲閉重手爲拿輕手爲封閉仰手向裡爲穿指陰手向外爲穿袖鳳點頭上下帶左右後手上下動上覷面下覷手白蛇動風右轉梨花擺頭左右上下鐵掃子左右動俯身者進仰身者退也纏拿伸前手後拿挨身身俯攔拿縮後手前手挨身身仰纏拿後手手心向裡攔拿後手手心向外老楊封閉皆用陰陽滚手老樊以爲滚手遲一着只兩手心俱向下拿定竿子救〇裡鎗只前手略左旋一〇打開爲封救〇外鎗只前手略右轉一〇爲閉手法甚緊其〇爲毋雙手持鎗離彼前手前

手战之道　武编前集·卷五　一

三尺即放下前手將後手挨竿一轉進鎗其救下鎗爲提亦不全滚手略滚一半便轉手持中平鎗頭交三尺滚彼在〇裡即轉右足兩手用氣力將竿捺住爲纏或彼抽出鎗札我〇外即將竿從下向上一挑爲攔彼若使花鎗則纏攔不住我或用低鎗或用降鎗待彼將穿過時我鎗從上乘機疾札前手葢彼以左穿右穿爲妙我正乘其穿而用之也穿指鎗從〇外穿過札〇裡我用仙人抱琵琶勢將前後手一縮向上托開穿袖鎗從〇裡穿過札〇外我用帖挑勢從下向上托開向左此二法纔用滚手以彼撤手進

手战之道　武编前集·卷五　一

鎗近也二鎗從下揭上此法一一楊所無樊封閉移後脚左右孔鳳封閉移前脚左右離子午松單手轉身進步送鎗本雙手跪進鎗濟寧吏單手不進步送進鎗俱不離子午

一鎗桿疾藜條爲上栢條次之楓條又次之餘木不可用

鎗制木桿上刃下鐏騎兵則鎗首之側施倒雙鈎倒單鈎或桿上施環步兵則直用素木或鵶項鵶項者以錫飾鐵嘴如烏項之白其小別有錐鎗梭鎗槌鎗

錐鎗者其刃爲四稜頗壯鋭不可折形如麥穗邊人

手战之道　武编前集·卷五　一

謂爲麥穗槍梭槍長數尺本出南方蠻獠用之一手持旁牌一手摽以擲人數十步內中者皆踣以其如梭之擲故云梭槍亦曰飛梭槍槌鎗者木爲圓首教閱用之近邊臣獻太寧筆槍首刃下數寸施小鐵盤皆有刃欲刺人不能捉搦也以狀類筆故云

拒馬槍其制以竹若木三枝六首交竿相貫首皆有刃植地輒立貫處以鐵爲索更相勾聯或布陣立營拒險塞空皆宜設之所以禦賊突騎使不得騁故曰拒馬

繩繫槍頭則爲斜鞭繩離鎗頭尺餘則爲團腰斜鞭

左脚左手在前陰手使團腰右脚右手在前陰陽手使其妙在善收以鋏團恍人目則即進鎗也呂公拐

降鎗前有月牙鏟左搧右搧使孫臏拐小拐羣鎗亦

降鎗前有鎗頭離頭一尺五置一橫拐離一尺又置一橫拐十字相交以折鎗竿長丈二三圓轉不停即與狼筅降鎗同法

處州人使狼筅右脚右手在前陰陽手使攩扒亦多如此猶開弓之左右也

攻行守固法

凡鎗以動靜兩分動則爲攻靜則爲守攻內有行守內有固此爲攻行守固以無爲是也凡攻至交姤得氣處止棍頭接着爲得氣攻而有兩行則以守攻而後行內有守攻而不行方激而後行以守激不行而再激行得以前攻行激守皆爲正攻內有化爲斜以金木水火土爲正五行五行有變上下跳躍走步謂之不正爲斜斜偏也偏以勾膈劈絞爲外五行因偏故不及子午正攻無制攻行之說乃進鎗之要訣也外有虛空無之要乃攻行之內發用之道也

激爲問問之必荅問而無應者如癡啞之人面立也

戰鬬之機何以爲勝敗乎守固者皆爲備已攻行者

手战之道　武编前集·卷五　一

諸能治人斜正交行內有酌見子午配合觀其動靜知識攻行化論故可以守待其動也神不定而心亂爲謂之不識斜正

右論攻行守固不在扎法內講

扎法

實扎　虛扎　拿扎　打扎　穿扎　滾扎

單手扎　扎中扎　三陽扎　挫手扎

有不犯五行扎

有量鎗扎衝開子午之門　埋頭上扎先陰變陽

攻拋高扎乃陽變陰攻此三扎不在五行虛實中

論

虛實有空忘勢爲無交合故有内去留之道分其濁辨其浮沉可取皆在於五行混濁之内紛紛遶遶周度無窮洞察玄微道合氣行有億萬化生學者可以詳究爲節萬無一失論中虛實　滚穿花浮爲虛打拿挫撲爲實　上拋　中量　下顛　扎内行空至極爲無伏虎等勢俱斜路棍習棍法兩敲卓離一尺高一尺

劍

電挈昆吾晃太陽

一升一降把身藏左右四顧四劍

搖頭進步風雷響

滚手連環上下防開右足一劍進左足一劍又左右各一劍收劍

左進青龍雙探爪縮退二步開劍用右手十字撩二劍刺一劍

右行單鳳獨朝陽用左手一刺跳進二步左右手各一挑左右手各一蓋右手一門轉

步開劍作勢

撒花蓋頂遮前後右滚花六劍開足　雙蹬劍

馬步之中用此方

蝴蝶雙飛射太陽右足進步右手來去二劍左足進步左手一刺一晃

梨花舞袖把身藏退二步從上舞下四劍

手战之道　武编前集·卷五　一

鳳凰浪翅乾坤少進右足轉身張兩手仍翻手左手一劍右手來去二劍左手又劍開

劍進右足

掠膝連肩劈兩旁

進步滿空飛白雪從下舞上四劍先右手

回身野馬去思鄉右手抹眉一劍右手抹脚一劍抹眉一劍左手抹腰一劍一刺右劍

一手收劍

鏌鋣曾入千軍隊

以生牛皮裁成甲片用刀刮毛以破碗舂碎篩成半米大屑調生漆傳上則利刃不能入

刀

手战之道　武编前集·卷五　一

雙刀他若使一伏虎打我頭却以左手監住右手一抹刀若被他徹捧走了番身一抹刀他若使一水平鎗來扎我却以右手監住左手一抹刀他若使一秃鵰來斫我却面以左手監住右手斫虎口他若使一單提來打我膀不拘左右以手監住一抹刀他若使老僧掩杖掃我脚以左監住右手一抹刀若徹捧走了就削虎口他若使一横龍鎗來扎我以左手監住右手一抹刀他若使一仙人教化來戳以左手監住右手一抹刀他若使一老鸛銜食來斫我脚以刀十字案住一刀就斫虎口他若使一鞭鋪來打我以右

手战之道　武编前集·卷五　一

手監住左手一抹刀他若使一猱手朝天來打我以刀左手監住右手一抹刀他若使一虎歇勢來打我不拘左右一手監住一抹刀用者有法

簡

簡破捧法簡有刺手臥步且如他一絞手掃賺疾便把簡以左手監住右手刺胷若被他提立水走了番身左手斫右手刺右邊右手一般使用他若打一伏虎以右手監住以右手刺心下若被他打腰以右手監住左手刺左邊以左手監住右手刺之若使一水平鎗來以左手監住右手刺喉下他若徹鎗走了便隨他番身就斫刺肋下若撥草打我頭以簡十字架住徹右手簡刺臍他若番鑽折我心就以右手簡住刺斫他若使老僧拖杖來掃我脚以簡監住不拘左右手刺之他若使一禿鵰來折我脚面以左手監住右手刺之他使一虎歇勢來打我以右手監住左手刺之他若使一草提來打我膀不拘左右手簡監住刺之他若使果然強來掃我脚以左手簡監住右手刺之右邊以右手簡監住左手刺之他若使一黃龍鎗來擺我把脚步攝過來以左手簡監住以右手刺之他若後面打一伏虎來打我頭番身不拘左右簡住刺肋下他若使一棒來打我耳根以右手撲開左手刺之他若使一下絞手來打我以左手簡監住右手刺之右邊以右手監住左手刺之他若使老鵰銜食來拆我脚面不拘左右手監住刺之他若使猿猴抱樹以簡抵住徹右手簡刺之若被他番鑽拆我心頭以簡監住刺之用者有法

且如他使一伏虎我却以左手打開右手打平他若使一禿鵰來拆我脚面不拘左右手打開却打頭他若使一水平鎗平扎我以左手打開却以右手打頭他徹鎗走了番身却打他若使一果然強來掃我脚却以左手打開右手打頭他若使一老鵰銜食來斫脚面却以左手打開右手打他若使一鎗來扎我膝不拘左右以手打開却打他若使一脚伏梁來打我膀以右手打開左手打頭他若使一老僧拖杖來掃脚不拘左右以手打開却打他若使一黃龍鎗來扎我却以左手打開右手打頭用者有法

鎚

夫鎚者暗器也不得已而用之步勢爲之黑星穿月流星鎚有二前頭者謂之正鎚後面手中提者謂之救命鎚用者有法上使撒花葢頂下使枯樹盤根

扒

扒步勢謂之七賢過關若被他一伏虎打我頭我使一扒就地托起番鑽拆心頭若被一棒打開我又復一扒他使一水平鎗來戳我一中横扒打開就戳蹤下他使一絞手打我脚一鑽住支又復一扒他若右邊使一絞手打我脚我使一鑽支住就發一鎗他若後一伏虎來打我頭番身一鑽打開又復一扒打面他若使後頭戳一水平鎗來番身一中横扒打開他若使一單提來打我膀一上横扒打開番一鑽戳喉下使打開一横戳心下用者有法

擄

擄大進三步使小七星上存身臥步復回步角入步大量上托掩獲頭身脚步裡步外分左右要遮攔雙手雙脚要舉正不欲外視分圈裡圈外扎遠對棒不要慣飛身入合功難當上面來時弃口掩月下若扎臁疾使雞撥食就削中刺水平中横擄打開疾莫上步左肋使天王托塔那步又助掩月向前鷂子翻身左邊若是棒家急進步一鎗一棒疾爲先海青拿鵝左手攢高右手將頭在地雙魚錢水中扎用之飛身追趕相隨步正面對機關不怕英鎗伏虎左右脇肋

切要護如若左邊一棒來一鑽打開提玉兎番身三滚手切莫向右走一頭了十頭低虎背山前威勢有九托三趕七番八拘十撲二十四打擄且如他打一伏虎一鑽打開復一横擄他若使水平鎗先來扎我我以一中横擄打開就削上去若使一絞手撑臁一鑽打開復一拍擄就削上去若使禿龜來折我脚面一鑽打開就削上去他若使一鞭鋪來打我膀一鑽打開復上一横擄削之他若使横龍鎗來扎我一上横擄打開就削之他若使一長行用來打我我以一鑽打開復一横擄就削之上有機關下有散法

拳②

拳有勢③者，所以為變化也。橫邪④側面，起立走伏，皆有牆戶⑤，可以守，可以攻，故謂之勢。拳有定勢，而用時則無定勢。然當其用也，變無定勢，而實不失勢，故謂之把勢⑥。作勢⑦之時，有虛有實。所謂驚法⑧者虛，所謂取法⑨者實也。似驚而實取，似取而實驚，虛實之用，妙存乎人。故拳家不可執泥「裡外圈、長短打」之說，要須完備透曉，乃為作手⑩。

技欲精、欲多，用欲熟、欲駛、欲狠。兩精則多者勝，兩多則熟者勝，兩熟則駛與狠者勝。數者備矣，乃可較敵。

【注釋】

①唐順之（一五〇七—一五六〇年）：字應德，一字義修，號荊川，武進

（今屬江蘇常州）人。明代儒學大師、軍事家、散文家、抗倭英雄。嘉靖八年（一五二九年）會試第一，授庶起士，改兵部主事，禮部主事。曾率兵累敗倭寇，以功擢右僉都御史，後卒於舟中。唐順之學識淵博，喜談政論兵，探究性理。著有《荊川先生文集》。

②拳：卷五有「牌、鐵、火器、射、弓、弩、甲、拳、槍、劍、刀、簡、錘、扒、擋、火、夷」，共計十七類，然今與武術有密切關係者，惟「拳、槍、劍、刀、簡、錘、扒、擋」八類，故去其他九類，存此八類校之。

③勢：即姿勢，是指拳術中的一切招法和架勢。

④邪：通「斜」。《漢書·司馬相如傳上》：「邪與肅愼為鄰，右以湯谷為界。」顏師古注：「邪讀為斜，為東北接也。」

⑤牆戶：牆，《說文解字》云：「牆，垣蔽也。」《左傳》云：「人之有牆，以蔽惡也。」戶，《說文解字注》云：「戶，護也。半門曰戶。」由此可知，「牆戶」一詞，是指防守的技術。

⑥把勢：此處意為二人相較時，始終把握著基本法則與攻守之機，而不失勢。把勢，又為把式，意指專精一種技術、手藝或能耐的人，後來成為專門技術人的稱呼。如從事武術職業者或在武術方面有相當造詣者、木匠泥瓦匠，等等，均謂之「把勢」。張清常的《漫談漢語中的蒙語借詞》認為，其最初可能源自漢語「博士」一詞，被蒙古語借用為「老師」，再由蒙語回流，一出一入，便成了「把勢」。

⑦作勢：即較藝之時，擺出攻守皆宜的架勢，或在相鬥過程中創造有利於自己的態勢。

⑧驚法：驚，意為驚擾對方，以虛誘敵。驚法，是指虛張聲勢、嚇唬敵人的招法。

⑨取法：斬獲敵人的首級為取。此處指強有力的擊打對手的方法，即實招，通常指踢、打、摔、拿四法。

⑩作手：指作勢的高手。

兩精則……狼者勝：駿（ㄙㄡ），《廣韻》云：「駿，蕃中大馬。」蕃，指古代西域一帶。西域産馬，體壯有力，據《方周雜錄》載：「先朝西域貢馬，高九尺，頸與身等，昂舉若鳳。景泰末，西域進白馬，高如之，頸亦類焉，後足脛節間有兩距，毛中隱若鱗甲。」故以「蕃中大馬」喻體壯力大。狼，性殘忍而貪婪，喻兇狠、膽量。今人注解中，「狼」多校為「狼」，不確。故「兩精則……狼者勝」句，是說：在兩人比試技藝時，如果掌握技術的數量和精熟程度相同，力量和膽量是決定勝負的關鍵。

【今譯】

拳術有架勢，這是其可以變化的原因。橫斜側面，起立走伏，都有攻防的技術，可以防守，可以攻擊，所以叫作拳勢。拳勢有一定的規矩，而在實戰中卻不必拘泥於成規。實戰之時，從有勢變無定勢，實際上不失規矩，所以叫把勢。比試的時候，所做的拳勢要有虛有實。

驚嚇對手的拳勢為虛招，而擊打對手的拳勢為實招。看似虛招而實際為實招，看似實招而實際為虛招，虛實變化運用，其妙用之處全在習拳者自己之用心。所以習拳者不能拘泥於「裡外圈、長短打」之類的說法，一定要完備技法、曉悟拳理，才能成為作勢的高手。

功夫要精純、要廣博，用的時候要純熟、要有力量、有膽氣。較技之時，雙方技術皆精，則技多一籌者勝；兩人技法皆多，則技法運用熟練者勝；兩人技法皆熟，力量和膽氣則是決定勝負的關鍵。技、用全備，才可以與他人對陣比試。

一、家數①：溫家長打七十二行著②，二十四尋腿，三十六合鎖。趙太祖長拳多用腿。山西劉短打，用頭肘六套；長③短打六套，用手、用低腿；呂短打六套。趙太祖長拳，山東專習，江南亦多習之。三家短打④，鉞⑤亦頗能。

溫家拳則鉞所專習，家有譜，今不能盡述也，略具數節於後。

一、勢：四平勢、井闌⑥四平勢、高探馬勢、指襠勢、一條鞭勢、七星勢、騎虎勢⑦、地龍勢⑧、一撒⑨步勢、拗步勢。長拳變勢，短打不變勢。逼近用短打，若遠開則用長拳。行著既曉，短打復會，行著，短不及長矣。

【注釋】

①家數：是指師法相承的流派。

②行著：即「行招」「行著」。明清拳、槍武藝的術語，指拳法、槍法中的基本招數。兩人較藝，一切招數都是在進進退退之中應機而發的，故名「行著」。如吳殳《手臂錄》云：「戳、革是正，行著是變，二者缺一不可。」

按：戚繼光《紀效新書·拳經捷要篇》有「溫家七十二行拳」，唐文多「長打」二字，又戚文「行拳」作「行著」。據下文記載，溫家拳有長有短，「逼近用短打，若遠開則用長拳行著」，由此可知，唐順之所記準確，戚氏漏了「長打」，又誤「行著」為「行拳」。今人斷句，「溫家長打七十二行著」

一家作兩家——「溫家長打，七十二行著」——解，不確。

③長：疑為「張」之誤。推其原因，大致有三：文末有「綿張拳護胸」之說；戚繼光《紀效新書·拳經捷要篇》有「綿張短打」；此外，「劉短打」「呂短打」皆以姓氏命名，而「長」卻不是一個常見姓氏。故此，「長」或為「張」之誤，而「張」，即指「綿張」。

④三家短打：即劉短打、長短打、呂短打。

⑤鉞：似唐順之自稱，然不見相關文獻證據。又，余水清認為：「『鉞』在此似應讀作『越』，乃地域概念」（見：余水清《明清武術古籍拳學論析》，人民體育出版社，二〇〇八年第二十三頁）。若按余解，則「家有譜」之「家」無從解釋，故「鉞」應為人名。

⑥闌：同「欄」。戚繼光《紀效新書·拳經捷要篇》作「欄」。

⑦騎虎勢：《紀效新書·拳經捷要篇》作「跨虎勢」。

⑧地龍勢：《紀效新書·拳經捷要篇》作「雀地龍勢」。

⑨撒：《紀效新書・拳經捷要篇》作「霎」。

【今譯】

一、門派：溫家長打七十二行著，二十四尋腿，三十六合鎖。趙太祖長拳多用腿。山西劉短打，用頭肘六套；長短打六套，用手、用低腿；呂短打六套。趙太祖長拳，山東有專門傳授，江南地區也有許多人習練。劉、長、呂三家短打，鉞也相當精通。

溫家拳鉞曾專門習練，家裡有拳譜，現在不能詳細地講述，簡略摘抄幾節置於文後。

一、拳勢：有四平勢、井闌四平勢、高探馬勢、指襠勢、一條鞭勢、七星勢、騎虎勢、地龍勢、一撒步勢、拗步勢。

長拳變化拳勢，而短打不變勢。近距離交戰用短打，如果遠距離拉開則用長拳。長拳與短打的招法既已通曉，而招法，則短打比不上長拳。

一、手：有上中下。切斫鈎扳攙金手，高立搭揚逼攻抖；盤旋左右腳來踳，調出五橫三推肘。你行當面我行傍，你行傍來我直走；倘君惡狠奔當胸，風雷絞砲劈掛手①。騰挪②手，雙打雙砍雙過肘。左右走手怕邊拳，調出飛虹忽捉手。喝聲打上下頭虛，顧下還須上捉手。只③些真訣是原傳，還有通仙六隻手。旗鼓拳，閃橫拗步腳上前；高怕黃鶯雙拍手，低怕撩陰跨襠拳；挨靠緊追休脫手，會使斜橫搶半邊。長拳行著，凡打法，行著多從探馬起。直行虎，打法三著④打左右，七星拗步高探馬。

驚法：右腿蹴驚，右手斬手，左手飛拳上臉，連右手拳一齊再發，搭腳進步高探馬。左拳哄臉⑤，右腿低彈左腿，右拳飛拳上臉，倒身一踳倒插幡⑥，高探馬專打高探馬。右腿驚左腿，左腿上踳，玉女穿針，高探馬變一條鞭。右拳驚，右腿隨拳窩裡暗出，倒馬鎈四平，變身法回身，勒馬聽風。諸勢俱打一腿，六腿左右通用，本家⑦俱有短腿可破，又有還腿可用。

一鑽：左上右鑽，右上左鑽。一踳：左顛右踳，右顛左踳；左偷右踳，右偷左踍。一鎈。一蹴。一掛。一跟。一低彈。

演法⑧：凡學腿，先虛學，踢開腿後，依法演習。鑽腿：虛學。踍腿：懸米袋或蒲團學。鎈腿：虛學或用柱。掛、蹴腿：虛學或用掛。柱腿：用柱學。跟腿：虛踢後用柱式。彈腿：用三尺長櫈⑨豎立，或用石礅在平地上學。

圓光手、四平手、腮肩手、高搭手、沉墜手，鈎腳、行著、短打、長拳、臥魚腳、踻一腳、鬼撮腳、伸一腳。俱右，俱用鐵門拴，即搶壁臥。番身，雙腳打重不倒身。

站法：腳尖正背人，腿起如馬踢，為樁腿。平踢為彈腿。習彈腿，便捷用櫈，以腳凳⑩豎地上，彈腿踢去，取平行不倒為度。習彈腿力，用磉石⑪，以踢遠磉石為度。習踍腿虛腿，用糠懸樑上，踍腿高踢去復還，以俱腰力為主度；習踍腿實腿用柱，以樁腿踢柱上，盡力為度。鈎腿，指拳⑫腿彎向裡，習樁腿則有力。

綿張拳護胸、脅、腰，溫家拳護頭、面、頸。腳要高打，手亦取高，專用腳，以手輔之。手不能當腳，腳起半邊虛，說不著。溫家：高腳拄下用腳接，低腳踢上用腳斷。長拳：張拳設套，待彼入套。本家設套，待改調處，疾、遲、癡、死四勝。

左手如鑽錢，右手如弄琴。前腿如山，後腿如撐。前手如龍變化，後手如虎靠山。左右不離，前後方鈎，入眼不睫，見槍速進鈎連密，莫犯莫敵。點用單手送，如點水蜻蜓，有活動之意。扎用雙手老實送，一扎用稍⑬，一棍用根。根稍互用，步步進前。如陰手棍，陰手蓋陽手挈，此是少林士真妙訣⑭。

扒止左右打，上揭，不宜向下磕，恐扒頭重難起也⑮。

盤腿：裡盤、外盤腿。

【注釋】

①切斫鈎扳攙金手……風雷絞砲劈掛手：馬明達先生在《風雷絞炮劈掛手》（見《武林》，二〇〇一年，第七、八期）一文中，提出「切斫鈎扳攙金

手」是披掛最主要的幾個手法；「你直我傍、你傍我直」是講劈掛手的戰術原則；「倘君惡狠奔當胸，風雷絞砲劈掛手」是劈掛拳的具體技術，是對家當胸硬攻時的應急對策。此外，馬明達先生對劈掛拳的歷史淵源作了詳細的論述。

②搥：通「錘」。

③只：指示代詞，相當於「這」。如，一鉢和尚《一鉢歌》：「若時樂，樂時苦，只個修行斷門戶。」

④打法三著：著，同「招」。打法三著，即七星、拗步、高探馬。

⑤左拳哄臉：哄，誘騙之意。此處是指用左拳佯攻對方臉面。

⑥倒身一踳倒插幡：踳，音ㄔㄨㄥ，《廣雅・釋詁二》：「踳，蹋也。」蹋，同「踏」。倒插，應為跌法中常用的法勢。又《紀效新書・拳經捷要篇》之三十二勢有「倒插勢」。

⑦本家：應為前文所言「溫家」。

⑧演法：是對「鑽、踳、鎈、蹴、掛、跟、彈」七種腿法的解讀，又其中

多一「柱腿」。

⑨櫈：同「凳」，後同。

⑩腳凳：較矮的凳子，亦可踏腳。

⑪磉（ㄙㄤ）石：柱下石礅。明代袁宏道《場屋後記》：「有殿磉石潤潔，疑即范陽白石。」

⑫「拳」字：疑為衍文。

⑬稍：泛指事物的末端，同「梢」。

⑭左手如鑽錢……此是少林士眞妙訣：此段應為棍法內容，應為輯錄時攙入或刻板有誤。

⑮扒止左右打……恐扒頭重難起也：此句為扒法內容。

【今譯】

一、手：手有上中下。切斫鈎扳攙金手，高立挌揚逼攻抖；盤旋左右腳來踏，調出五橫三推肘。你行當面我行傍，你行傍來我直走；倘君惡狠奔當胸，風雷絞砲劈掛手。騰搥手，雙打雙砍雙過肘。左右走手怕邊拳，調出飛虹忽捉手。喝聲打上下頭虛，顧下還須上捉手。這些真訣都是原傳，還有通仙六隻手。旗鼓拳，閃橫拗步腳上前；高怕黃鶯雙拍手，低怕撩陰跨襠拳；挨靠緊追休脫手，會使斜橫搶半邊。長拳行著，凡打法，行著多從探馬起。直行虎，打法三著打左右，七星拗步高探馬。

驚法：右腿虛踢，右手斬手，左手用飛拳打臉，連右手拳一齊再發，搭腳進步高探馬。左拳哄臉，右腿低彈左腿，右拳飛拳上臉，倒身一踏倒插幡，高探馬專打高探馬。右腿驚左腿，左腿上踏，玉女穿針，高探馬變一條鞭。右拳虛招，右腿隨拳窩裡暗出，倒馬鎈四平，變身法回身，勒馬聽風。諸勢俱打一腿，六腿左右通用，溫家拳都有短腿可破，又有還腿可用。

一鑽：左上右鑽，右上左鑽。一踏：左顛右踏，右顛左踏；左偷右踏，右偷左踏。一鎈。一蹴。一掛。一跟。一低彈。

演法：大凡學習腿法，先要虛學，踢開腿後，依次按照要求習練。鑽腿：虛學。踳腿：懸米袋或蒲團學。鎈腿：虛學或用柱。掛、蹴腿：虛學或用掛。柱腿：用柱學。跟腿：虛踢後用柱式。彈腿：用三尺長凳豎立，或用石礅在平地上學。

圓光手、四平手、腮肩手、高搭手、沉墜手，釣腳、行著、短打、長拳、臥魚腳、跽一腳、鬼撮腳、伸一腳。俱右，都用鐵門拴，即搶壁臥。番身，雙腳打重不倒身。

站法：腳尖正背人，腿起如馬踢，為樁腿。平踢為彈腿。習練彈腿的敏捷靈活，要用凳子，把腳凳豎立地上，彈腿踢去，以平行不倒為標準。習練彈腿的力量，用磉石，以踢遠磉石為標準。習練踳腿的虛腿，把糠袋懸房樑上，踳腿反覆高踢去，以俱腰力為主要標準；習練踳腿實腿要用柱子，用樁腿踢柱上，盡力為標準。鈎腿，指腿灣向裡，習樁腿則有力。

綿張拳護胸、脅、腰，溫家拳護頭、面、頸。腳要高打，手也要取高，專用腳，以手輔之。手不能當腳，腳起半邊虛，說不著。溫家：高腳拄下用腳接住，低腳踢上用腳截斷。長拳：佈置拳勢設置圈套，等待敵手入圈套。溫家拳設置圈套，等待改編他處，以疾、遲、癡、死四法取勝。

左手如鑽錢，右手如弄琴。前腿如山，後腿如撐。前手如龍變化，後手如虎靠山。左右不離，前後方鈎，入眼不睫，見槍速進鈎連密，莫犯莫敵。點用單手送，如點水蜻蜓，有活動之意。扎用雙手老實送，一扎用梢，一棍用根。根梢互用，步步進前。如陰手棍，陰手蓋陽手挐，此是少林士真妙訣。

扒止左右打，上揭，不宜向下磕，恐扒頭重難起也。

盤腿：裡盤、外盤腿。

槍

頭一合槍：先用圈槍為母①，後用封、閉、捉、拿。救護閃賺②是花槍，名色叫做梨花擺頭③。第二合：先有纏槍，後有攔槍。黃龍戰扞④，黑龍入洞，拿槍救護，閃賺是花槍，名色叫做鐵子掃⑤。第三合槍：先有穿指槍，後有穿袖槍。鵪子拿鵪鶉，救護閃賺是花槍，名色叫做鳳點頭⑥。第四合槍：先有白拿槍，後有進步槍。如貓捉鼠，加朋⑦退救護，閃賺是花槍，叫做白蛇弄風⑧。第五合槍：先有迎風槍，後有截進槍。四封四閉，死中返活，無中生有，四面使槍⑨。第六合：一截，二進，三拿，四纏，五攔，六徹⑩。共加六路花槍。上有場⑪秦王摩旗，下有場撥草尋蛇。中調四路閃賺：梨花擺頭、鐵掃子、鳳點頭、白蛇弄風。

爾槍動，我槍拿；爾槍不動，我槍發，中間一點難招架。指人頭，取人面，高低遠近通要見。槍勢浮腰索⑫，先取手，後取腳，取了腳與手，閉住五路通傷口。槍有三件大病，那三件大病？一，立身法不正；二，立當不⑬；三⑭，上不照鼻尖，中不照槍尖，下不照腳尖，三件大病。疾上又加疾，扎了猶嫌遲⑮。

【注釋】

①圈槍為母：圈槍，是指兩手握槍，使槍頭按圓形軌跡重複劃圓運動。洪轉《夢綠堂槍法》對「圈槍」有詳細的闡釋，其云：「圈槍者，取其左右圓活，上下旋轉，無有定準，使彼手心搖惑，我即乘機而進。其法較之纏法稍疏，其轉動之圓活處，全在身法。後手將槍根轉動，前手則仍固正中。若兩手俱搖，則恐彼乘虛而加力，分排取我之正中也。」

母，本源之意。明代槍法中有「八母槍」之說，是指槍法的八種基本技術，而槍法的所有動作都出自這八種基本技術，故稱之為「母」。程宗猷《長槍法選》作「八槍母」，云：名「母」者「蓋槍法變幻雖多，然皆不外此八著之相生，如習書家，有先習永字之說，亦以永字八法皆備，而餘字不外此八筆之法耳。明乎習永字者，即明八槍母之說矣。」明代以來，各家對「八母」之說不盡相同，如程宗猷《長槍法選・散劄拔萃》云：八槍母，「槍以八名者，蓋以圈裡槍、圈外槍、圈裡低槍、圈裡高槍、圈外低槍、圈外高槍、吃槍、還槍，八著故也。」洪轉《夢綠堂槍法》之「槍法八母」則為：「封、閉、提、擄、拿、攔、還、纏。」

②閃賺：閃賺即誘騙轉移之法，佯左實右、上驚下取之類統屬閃賺。程宗猷《長槍法選》云：「誘敵即以閃賺為最勝。所謂閃賺者，如敵人一槍扎來，我用拿開進步，競技中平而入。敵見我槍至彼，彼必一拿，我即審敵拿力收半，便將槍一閃，串彼圈外，扎敵一槍，彼必不能救。裡外皆同，故曰最勝。」

③名色叫做梨花擺頭：名色，即名稱，名目。第一合「梨花擺頭」，戚繼光《紀效新書》作「秦王磨旗」，程宗猷《長槍法選》與唐文同。

④黃龍戰扞：《紀效新書》作「黃龍占杵」，《長槍法選》作「黃龍占杆」。

⑤鐵子掃：應為「鐵掃子」。《紀效新書》《長槍法選》均作「鳳點頭」。

⑥鳳點頭：《紀效新書》《長槍法選》均作「白蛇弄風」。

⑦朋：程宗猷《長槍法選》、吳殳《手臂錄》作「掤」。《手臂錄・卷四・行著》云：「掤，揭之大者，從下而起。」

⑧叫做白蛇弄風：第四合「白蛇弄風」，《紀效新書》《長槍法選》均作「鐵掃帚」。

⑨第五合槍……四面使槍：底本、四庫本第五合沒有名稱，《紀效新書》《長槍法選》均作「撥草尋蛇」。

⑩六徹：徹，《紀效新書》《長槍法選》均作「直」。又《夢綠堂槍法》有「六妙」之說，為「一截、二進、三亂、四定、五斜、六直」，其云：「直者，言槍桿也。蓋身既以斜進，槍須緊對彼之心喉頭面，在我可以照顧正中，在彼難於封閉。法云：『時時取之』是也。」

⑪有場：應為「遊場」之誤。遊場：本為古代出遊田獵的場所，此處是指民間練習武藝的場所。

⑫槍勢浮腰索：勢，《紀效新書》《長槍法選》均作「是」。浮腰索：《紀效新書》作「伏腰鎖」，《長槍法選》作「纏腰鎖」。

⑬立當不：有脫誤，按《紀效新書》《長槍法選》為「當扎不扎」。

⑭三：底本、參校本無，據文意添加。槍法三件大病之第三件，《紀效新書》《長槍法選》為「三尖不照」。「上不照鼻尖，中不照槍尖，下不照腳尖」句，是對「三尖不照」的進一步闡釋。

⑮疾上又加疾，扎了猶嫌遲：按《紀效新書》，為「槍是伏腰鎖」句內容。

【今譯】

略。

他使裡把門①等我，我將槍閃向圈外②，攔拿放槍；他若一攔拿我，我閃過，圈裡③進槍。他若使外把門④等我，我將槍閃過，圈裡纏拿放槍；他若一纏拿我，我閃過，圈外進槍。此順其勢而用之也。他若使裡把門等我，我用纏拿硬上，一剁放槍；他纏拿我，我閃，從圈外進槍。他若使外把門等我，我攔拿硬上，一剁放槍；他攔拿我，我閃，從圈裡進槍。此逆其勢而用之也。番來覆去⑤，我從圈裡放槍，他纏拿我，我閃，從圈外反攔拿他，所謂死中反活也。番來復去，我從圈外放槍，他攔拿我，我閃過，圈裡反纏拿他，所謂無中生有也。

拿圈裡槍為纏拿、為封，拿圈外槍為攔拿、為閉。重手為拿，輕手為封閉。仰手向裡為穿指，陰手向外為穿袖。鳳點頭，上下帶左右，後手上下動，上下覷面，下覷手。白蛇動風⑥，右轉。梨花擺頭，左右上下。鐵掃子，左右動。俯身者進，仰身者退也。纏拿伸前手，後拿挨身身俯；攔拿縮後手，前手挨身身仰。纏拿後手手心向裡，攔拿後手手心向外。老楊封閉皆用陰陽滾手⑦，老樊以為滾手遲一著只，兩手手心俱向下，拿定竿子。

救圈⑧裡槍，只前手略左旋，一圈打開為封；救圈外槍，只前手略右轉，一圈為閉。手法甚緊，其圈為母。雙手持槍，離彼前手前三尺，即放下前手，將後手挨竿一轉進槍，其救下槍為提；亦不全滾手，略滾一半便轉手持中平⑨，槍頭交三尺，滾。彼在圈裡，即轉右足，兩手用氣力將竿捺住為纏；或彼抽出槍，札⑩我圈外，即將竿從下向上一挑為攔。彼若使花槍，則纏攔不住我。或用低槍，或用降槍，待彼將穿過時，我槍從上乘機疾札前手，蓋彼以左穿右穿為妙，我正乘其穿而用之也。穿指槍從圈外穿過札圈裡，我用仙人抱琵琶勢，將前後手一縮，向上托開；穿袖槍從圈裡穿過札圈外，我用帖挑勢，從下向上托開向左。此二法才用滾手，以彼撒手進槍近也。一槍從下揭上，此法一一楊⑪所無。

樊封閉移後腳左右，孔鳳封閉移前腳左右。離子午⑫松單手，轉手進步送槍，本雙手跪進槍。濟寧吏單手不進步，送、進槍俱不離子午。

【注釋】

①裡把門：持槍斜向身體內側，槍尖在右肩部前方的防守技法。

②圈外：為槍、棍術語，也為拳械較藝時的技術要訣。又有「圈裡」。二人較槍，從對方槍身內側進槍稱「圈裡」，從外側進槍則稱「圈外」。圈裡、圈外是槍棍取勢、取位、用招和運用戰術的重要技法內容。如程宗猷《長槍法選·散劄拔萃》雲八槍母：「槍以八名者，蓋以圈裡槍、圈外槍、圈裡低槍、圈裡高槍、圈外低槍、圈外高槍、吃槍、還槍，八著故也。」在拳藝較鬥中，圈裡、圈外又被看作距離要求。圈外為安全距離，兩人相鬥，拳腳不能及，此時多運用行場過步，引誘對方進攻。一旦雙方進入拳腳相接的距離，則稱為圈裡，又作圈內。在如《水滸傳》等小說中，描述二人打鬥的場景時，常有「跳出圈外」的說法。

③圈裡：見注釋②「圈外」。

④外把門：與裡把門相對的防守技法，槍尖指向自身左側肩部。

⑤番來覆去：亦作「翻來覆去」。

⑥白蛇動風：應為「白蛇弄風」。

⑦陰陽滾手：是說在作槍法之封、閉時，要用陰陽手握把法。而老樊認為應該用雙手陰持槍法，即「兩手手心俱向下」。

⑧圈：底本以「〇」作「圈」。四庫本「〇」處作缺文書處理。後同，不再注出。

⑨中平：即中平槍。《紀效新書·長兵短用篇》有「中平槍，槍中王，高低遠近都不妨」（十四卷本作「中平槍，槍中坐」）之說。在槍法中，中平槍屬於最具威力的一招，用此招作為槍法中「坐陣」的技法，則來自高低遠近的攻擊都可以防範，且可以進行任何方位的反擊。

⑩札：同「扎」。後同。

⑪楊：指楊家槍法。

⑫子午：指南北。古人以「子」為正北，以「午」為正南。又醫家有所謂

「人身子午」之說，《奇經八脈考》謂：「任督二脈，人身之子午也。」此處是指之「子午」，謂人身之正中。

【今譯】

略。

一、槍桿：疾藜條為上，柘條次之，楓條又次之，餘木不可用①。槍制木桿，上刃下鐏②。騎兵則槍首之側施倒雙鈎、倒單鈎，或桿上施環；步兵則直用素木或鴉項。鴉項者，以錫飾鐵，嘴如烏項之白。其小別有錐槍、梭槍、槌槍。

錐槍者，其刃為四棱，頗壯銳，不可折，形如麥穗，邊人③謂為麥穗槍。梭槍長數尺，本出南方，蠻獠④用之，一手持旁牌⑤，一手摽以擲人，數十步內，中者皆踣，以其如梭之擲，故云梭槍，亦曰飛梭槍。槌槍者，木為圓首，教閱用之。近邊臣獻太寧筆槍，首刃下數寸施小鐵盤，皆有刃，欲刺人，不能捉搦⑥也，以狀類筆故云。

拒馬槍，其制以竹若木，三枝六首，交竿相貫，首皆有刃，植地輒立。貫處以鐵為索，更相勾聯。或佈陣立營，拒險塞空，皆宜設之。所以禦賊突騎，使不得騁，故曰拒馬。

繩繫槍頭，則為斜⑦鞭；繩離槍頭尺餘，則為團腰。斜鞭，左腳左手在前，陰手使；團腰，右腳右手在前，陰陽手使。其妙在善收。以銕⑧團恍人目，則即進槍也。呂公拐降槍，前有月牙鐽。左搧右搧，使孫臏拐。小拐群槍，亦降槍，前有槍頭，離槍頭一尺五置一橫拐，離一尺又置一橫拐，十字相交，以折槍竿，長丈二三，圓轉不停，即與狼筅降槍同法。

處州人使狼筅⑨，右腳右手在前，陰陽手；使攩扒，亦多如此。猶開弓之左右也。

【注釋】

①疾條為上……餘木不可用：條，應為「蒺藜」。唐順之云，槍桿的三種選材依次是疾藜木、柘條、楓條。南宋華岳《翠微先生北征錄》卷八「叉槍制」云：「叉杆蒺藜條為上，柘條次之，楓條又次之，餘木不可用。」這與唐文所云完全相同，或唐氏引前人之說。

按：明代文獻中，槍桿取材各不相同，如何良臣《陣記》云：「南方以竹為桿，甚稱省便；北地風高易裂，須得絲觔纏紮乃可，否則以椆木代之猶勝。」程宗猷《長槍法選》云：「其木色有稠木、有檀木、有檢栗木，皆大木取小劈刨而成，多不堅牢易斷。必選生成者為上，有槳條木，有牛筋木（赤者為佳，白者次），有茶條木，有米枯木（有名烏槳），有拓條木，有白蠟條木（有名水黃荊）。」《手臂錄》云：「槍材，以徽州牛筋木者為上，劍脊木次之，紅棱勁而直，且易碎。白蠟軟，棍材也。」茅元儀《武備志》云：「槍桿稠木第一，合木輕而稍軟，次之。要劈開者佳，鋸開者紋斜易折。攢竹腰軟必不可用。北方乾燥竹不可用，木杆可用；東南竹木皆可通用。」可見，槍桿首選必須是硬韌木材，次選是軟硬適中的木材，最次為軟木。

②鐏（ㄗㄨㄣ）：槍根處圓錐形的金屬套。

③邊人：指駐守邊境的官兵、士兵等。唐朝王建《送人》詩云：「邊人易封侯，男兒戀家鄉。」明代劉基《關山月》：「願得馳光照明主，莫遣邊人望鄉苦。」

④蠻獠：舊時對西南方少數民族的蔑稱。

⑤旁牌：即盾牌。

⑥捉搦（ㄋㄨㄛˋ）：握持之意。

⑦斜（ㄉㄡˇ）：酌酒器。「四庫本」作「斜」。此處應為「斜」之誤。後文「斜鞭」「團腰」應為兩種槍法技法。

⑧銕（ㄊㄧㄝˇ）：同「鐵」。

⑨處州人使狼銑：處州，今浙江麗水。銑，為「筅」之誤。

狼筅，為明代軍中兵器，最早為明英宗正統九年至十四年間（一四四四—一四四九年），浙江麗水礦工葉宗留起義軍發明，所以唐順之有「處州人使狼筅，左腳右手在前，陰陽手」之說。明嘉靖年間，著名軍事家戚繼光在東南沿海的禦倭戰爭中廣泛運用了這種兵器，而名噪一時。對於狼筅的形制，戚繼光《練兵實紀・雜集》卷五之「軍器制解」云：「狼筅乃用大毛竹，上截連四旁附枝，節節枒杈。視之粗可二寸，長一丈五、六尺，人用手勢遮蔽全身，刀槍叢刺，必不能入，故人膽自大，用為前列，乃南方殺倭利器。」茅元儀《武備志》卷一〇四之「軍資乘・器械三」中亦有言及。

按：有說狼筅為戚繼光所發明，不確，若為戚氏所發明，則狼筅不會見於唐氏著述，實際情況是狼筅因戚繼光在抗倭戰爭中的廣泛使用而名噪一時，戚氏或加以改進，但並不是首創。

【今譯】

略。

攻行守固法：

凡槍以動靜兩分，動則為攻，靜則為守。攻內有行，守內有固，此為攻行守固，以無為是也。凡攻，至交姤得氣處止，棍頭接著為得氣。攻而有兩行則以守，攻而後行內有守。攻而不行，方激而後行。以守激不行，而再激行，得以前攻。行激守皆為正，攻內有化為斜。以金木水火土為正五行。五行有變，上下跳躍走步，謂之不正，為斜。斜，偏也。偏以勾隔劈絞為外五行，因偏故不及子午正攻。無制攻形之說，乃進槍之要訣也。外有虛空無之要，乃攻行之內發用之道也。

激為問，問之必答；問而無應者，如癡啞之人面立也。戰鬥之機，何以為勝敗乎？守固者皆為備己，攻行者諸能治人。斜正交行，內有酌見①，子午配合，觀其動靜。知識②攻行化論，故可以守，待其動也。神不定而心亂為，謂之不識斜正。

右③論攻行守固，不在扎法內講。

扎法：實扎、虛扎、拿扎、打扎、穿扎、滾扎、單手扎、扎中扎、三陽扎、挫手扎。

有不犯五行扎。

有量槍扎，衝開子午之門；埋頭上扎，先陰變陽攻；拋高扎，乃陽變陰攻。此三扎，不在五行虛實中論。

虛實有空忘，勢為無交合，故有內。去留之道，分其濁，辨其浮沉，可取皆在於五行渾濁之內。紛紛遶遶④，周度無窮，洞察玄微，道合氣行，有億萬化生。學者可以詳究為節，萬無一失。

論中虛實：滾穿花浮為虛，打拿挫撲為實。上拋、中量、下顛、扎內、行空、至極、為無、伏虎等勢，俱斜路棍，習棍法兩敲卓，離一尺高一尺。

【注釋】

①酌見：應為「灼見」。

②知識：瞭解，辨識。

③右：古代刊本為繁體豎排，故謂上文所述則為「右」。與「橫排刊本」之「上」相當。

④遶（ㄖㄠˋ）：同「繞」。

【今釋】

略。

劍①

電掣昆吾晃太陽，一升一降把身藏【左右四顧四劍】。搖頭進步風雷響，滾手連環上下防【開右足一劍，進左足一劍，又左右各一劍，收劍】。左進青龍雙探爪【縮退二步開劍，用右手十字，撩二劍，刺一劍】，右行丹鳳獨朝陽【用左手一刺，跳進二步，左右手各一挑，左右手各一蓋，右手一門轉步，開劍作勢】。撒花蓋頂遮前後【右滾花六劍，開足】，雙豎劍②，馬步之中用此方。蝴蝶雙飛射太陽【右足進步，右手來去二劍；左足進步，左手一刺一晃】，梨花舞袖把身藏【退二步，從上舞下四劍】。鳳凰浪翅乾坤少【進右足，轉身張兩手，仍翻手。左手一劍，右手來去二劍，左手又劍，開劍進右足】，掠膝連肩劈兩旁。進步滿空飛白雪【從下舞上四劍，先右手】，回身野馬去思鄉【右手抹眉一劍，右手抹腳一劍；抹眉一劍，左手抹腰一劍；一刺右劍，一手收劍】，鏌鎁曾入千軍隊。

以生牛皮裁成甲片，用刀刮毛，以破碗舂碎，篩成半米大屑，調生漆傅上，則利刃不能入③。

【注釋】

①明代的劍法文獻留存極少，唐順之《武編前集·卷五·劍》為一《劍訣歌》，這也是現存最早的一篇《劍訣》，然今人不能依訣演練。此訣後來被茅元儀收入自己所編纂的《武備志》中。

②雙豎劍：此三字底本與參校本（四庫本）有，而茅元儀《武備志·卷八十六》無。

③此段為「甲」制，置於此處，疑為誤植。茅元儀《武備志》無此段。

【今譯】

略。

刀

雙刀①：

他若使一伏虎打我頭，卻以左手監②住，右手一抹刀；若被他徹捧③走了，番身一抹刀。他若使一水平槍來扎我，卻以右手監住，左手一抹刀。他若使一禿龜來斫我卻④面，以左手監住，右手斫虎口。他若使一單提來打我膀，不拘左右，以手監住，一抹刀。他若使老僧拖杖掃我腳，以左手⑤監住，右手一抹刀；若徹捧走了，就削虎口。他若使一橫龍槍⑥來札⑦我，以左手監住，右手一抹刀。他若使一仙人教化來戳，以左手監住，右手一抹刀。他若使一老鸛銜食來斫我腳，以刀十字架住，一刀就斫虎口。他若使一鞭鋪來打我，以右手監住，左手一抹刀。他若使一舉手朝天來打我，以刀左手監住，右手一抹刀。他若使一虎歇勢來打我，不拘左右，一⑧手監住，一抹刀。用者有法。

【注釋】

①此篇為雙刀技法的文獻，也是目前可見最早的雙刀技法文獻。從內容來看，這應該是雙刀與長器械（槍、棒等）的對拆訓練。篇中計有「伏虎、水平

槍、禿鷂、單提、老僧拖杖、橫（黃）龍槍、仙人教化、老鸛銜食、鞭鋪、舉手朝天、虎歇」等十一種進攻方式，然由於該篇既無圖譜，又無進一步詳細說明，也無其他文獻可資參照，所以對這些招式的具體技法不得而知，因此對於全篇的理解也造成了很大的障礙。

②監：本意為「察看、看守、統領」等。

按：此一「監」字，為雙刀技法的核心所在，從該篇內容來看，運刀的技法不外乎先「監」後「抹」，因此，只有「監」住對方的器械，才有機會進攻對方。由此，「監」在該篇中所指，應為格擋或粘住對方的器械，以便進行下一步「抹」的攻擊動作。

不惟雙刀技法用「監」，下篇之《簡》也用「監」。可知，「監」為雙器械常用技法。

③徹捧：徹，原文為「徹」，應為「撤」之誤，後同。捧，「棒」之異體。後同。

④卻：應為「腳」之誤。又，四庫本作「腳」。

⑤手：底本、四庫本均無，依文義所加。

⑥橫龍槍：應為「黃龍槍」，明代民間日用類書之「武備門」中，多有「黃龍槍」之說，《簡》篇作「黃龍槍」。

⑦札：同「扎」，如《西遊記》：「語來言去各仇恨，棒迎拐架當心札。」

⑧一：據文義，應為「以」之誤。

【今譯】

略。

簡

簡破捧法①：

簡有刺手臥步，且如他一絞手掃臁②疾③，便把簡以左手監④住，右手刺胸。若被他提立水走了⑤，番身左手斫右手，刺右邊，右手一般使用。他若打一伏虎，以右手監住，以右手刺心下。若被他打腰，以右手監住，左手刺左邊；以左手監住，右手刺之。若使一水平槍來，以左手監住，右手刺喉下。他若徹⑥槍走了，便隨他番身，就斫刺肋下。若接草⑦打我頭，以簡十字架住，徹右手簡刺齊⑧。他若番鑽折⑨我心，就以右手簡住刺斫。他若使老僧拖杖來掃我腳，以簡監住，不拘左右手刺之。他若使一禿龜來折我腳面，以左手監住，右手刺之。他使一虎歇勢來打我，以右手監住，左手刺之。他若使一草提⑩來打我膀，不拘左右手，簡監住刺之。他若使果然強來掃我腳，以左手簡監住，右手刺之；右邊以右手簡監住，左手刺之。他若使一黃龍槍來擢我，把腳步攝過來，以左手簡監住，以右手刺之。他若後面打一伏虎，來打我頭，番身不拘左右，簡監住刺肋下。他若使一棒來打我耳根，以右手撲開，左手刺之。他若使一下絞手來打我，以左手簡監住，右手刺之；右邊以右手監住，左手刺之。他若使老鸛銜食來拆我腳面，不拘左右，手監住刺之。他若使猿猴抱樹，以簡抵住，徹右手簡刺之。若被他番鑽拆我心頭，以簡監住刺之。用者有法。

且如他使一伏虎，我卻以左手打開，右手打平。他若使一禿龜來拆我腳面，不拘左右手打開，卻打頭。他若使一水平槍平扎我，以左手打開，卻以右手打頭。他徹槍走了，番身卻打。他若使一果然強來掃我腳，卻以左手打開，右手打頭。他若使一老鸛銜食來斫腳面，卻以左手打開，右手打他。若使一槍來扎我膝，不拘左右，以手打開，卻打他。若使一腳伏梁來打我膀，以右手打開，左手打頭。他若使一老僧拖杖來掃腳，不拘左右，以手打開，卻打他。若使一黃龍槍來扎我，卻以左手打開，右手打頭。用者有法。

【注釋】

①簡破捧法：簡，古文獻中又作「鐗」，宋《武經總要》云：「鐵鞭、鐵鐗二色：鞭，其形大小長短，隨人力所勝用之。有人作四棱者，謂之鐵鐗，謂方棱似形，皆鞭類也。」從該篇內容來看，為「簡」與「棒」的對拆訓練法，

其技法與《刀》篇多有相似之處，或同為雙器械之故。捧，「棒」之異體。後同。

②膁：同「肷」，指身體兩旁肋骨和胯骨之間的部分。

③疾：快速、迅速。

④監：參見《刀》篇「注釋②」。

⑤被他提立水走了：語義不明，疑有衍文。

⑥徹：原文為「徹」，應為「撤」之誤。後同。

⑦草：此處不明其意，或為「著」之誤。

⑧齊：依文義，應為「臍」之誤。

⑨折：依文義，應為「斫」之誤。後同。

⑩草提：應為「單提」，四庫本作「單提」。

⑪擢：依文義，應為「戳」之誤。又，《扒》篇作「戳」。

⑫監：底本、四庫本均無，依文義所加。

⑬折：依文義，應為「斫」之誤。又，《刀》篇也作「斫」。後同。

【今譯】

略。

鎚

夫鎚①者，暗器也，不得已而用之，步勢為之黑星穿月。流星鎚②有二，前頭者謂之正鎚，後面手中提者謂之救命鎚③。用者有法：上使撒花蓋頂，下使枯樹盤根④。

【注釋】

①鎚：同「錘」，《正字通・金部》：「錘，與鎚、椎通」。「鎚」為古兵器名，多為柄的上頭有一金屬圓球。西漢黃門令史遊《急就篇》：有「鐵錘

檛杖棁柲杸」，顏師古注云：「錘亦可以擊人，故從兵器之例。張良所用擊秦副車，亦此物也。」可知錘的歷史悠久。然而該篇所述並非柄頭裝金屬圓球之錘，而是一種軟器械。

②流星鎚：又名「飛錘」「走線錘」，是將金屬鎚頭繫於長繩一端或兩端而製成的軟兵器。如銅錘只繫一端者為單流星錘，兩端各繫銅錘者為雙流星錘。該篇所述即為雙流星錘。

按：流星錘平時將繩索折成若干折，或藏於袖中，用時即可一抽而出，在古代常作暗器使用。故該篇開頭便有「夫鎚者，暗器也」之說。

③前頭者……謂之救命鎚：是說雙流星錘在使用之時，前面手中為正錘，後面手中為救命錘。

④上使撒花蓋頂，下使枯樹盤根：均為流星錘的主要技法。

【今譯】

略。

扒

扒，步勢謂之七賢過關①。若被他一伏虎打我頭，我使一扒就地托起，番鑽拆②心頭；若被一棒打開，我又復一扒。他使一水平槍來戳，我一中橫扒打開，就戳喉③下。他使一絞手打我腳，一鑽住支似④，又復一扒。他若右邊使一絞手打我腳，我使一鑽支住，就發一槍。他若後一伏虎來打我頭，番身一鑽打開，又復一扒打面。他若使後頭戳一水平槍來，番身一中橫扒打開。他若使一單提來打我膀，一上橫扒打開，番身⑤一鑽戳喉下，使打開一橫戳心下。用者有法。

【注釋】

①七賢過關，為古代較為固定的人馬畫題材，其內容是記述唐代開元年間（七一三—七四一年）的七位才子頂風冒雪出藍田關、遊龍門寺的典故。對於「七賢」究係何人，說法不一。據明代楊愼《畫品・卷一・七賢過關》云：「世傳《七賢過關圖》，或以為即竹林七賢爾，屢有人持其畫來索題，漫無所據。觀其畫衣冠騎從，當是魏晉間人物，意態若將避地者，或謂即《論語》作者七人像而為畫爾。」姜孟賓舉人云：「是開元日冬雪後，張說、張九齡、李白、李華、王維、鄭虔、孟浩然出藍田關、遊龍門寺，鄭虔圖之。」

②折：依文義及《刀》篇、《簡》篇，應為「斫」之誤。

③喉：底本作「睺」，今據四庫本改之。

④支似：按下句，應為「支住」。

⑤身：底本、四庫本均無，依文義所加。

【今譯】

略。

擋

擋①：大進三步，使小七星上，存身臥步，復回步角。入步，大量上托掩護頭身腳。步裡步外分左右，要遮攔，雙手雙腳要舉正。不欲外視，分圈裡圈外。扎遠對棒不要懼，飛身入合功難當。上面來時並口掩月，下若扎膁②疾使雞撥食，就削中刺水平。中橫擋打開，疾莫上步，左肋使天王托塔。那③步又助掩月，向前鷂子翻身左邊。若是棒家急進步，一槍一棒疾為先。海青拿鵝④，左手鑽高，右手將頭在地，雙魚錢水中扎用之。飛身追趕相隨步，正面對機關，不怕英槍伏虎，左右脅肋切要護。如若左邊一棒來，一鑽打開提玉兔，番身三滾手，切莫向右走。一頭了，十頭低。虎背山前威勢，有九托、三趕、七番、八拗、十撲、二十四打擋。

且如他打一伏虎，一鑽打開，復一橫攩。他若使水平槍先來扎我，我以一中橫攩打開，就削上去。若使一絞手撦⑤膁，一鑽打開，復一拍攩，就削上去。若使禿龜來折⑥我腳面，一鑽打開，就削上去。他若使一鞭鋪來打我膀，一鑽打開，復上一橫攩削之。他若使橫龍槍⑦來扎我，一上橫攩打開，就削之。他若使一長行用來打我，我以一鑽打開，復一橫攩，就削之。上有機關，下有散法。

【注釋】

①攩：同「擋」，阻擋、遮蔽之意。此處應為「钂」之誤。而「钂」為古兵器名，十八般武藝中即有「钂」之一席。

②膁：同「肷」，指身體肋骨和胯骨之間的部分。

③那：依文義，應為「挪」之誤。

④海青拿鵝：海青，亦名海東青，是雕的一種，獵人用它來捕獵天鵝等鳥

類。「海青拿鵝」也是古代琵琶曲目。

⑤揨：形見《四聲篇海·手部》：「音章。」《中華字海·手部》：「疑為「樟」的訛字。」按《簡》篇、《扒》篇，此處或為「扎」「打」之誤。

⑥折：應為「斫」之誤。

⑦橫龍槍：應為「黃龍槍」之誤。

【注釋】

略。

手戰之道

紀效新書・拳經捷要篇

戚繼光

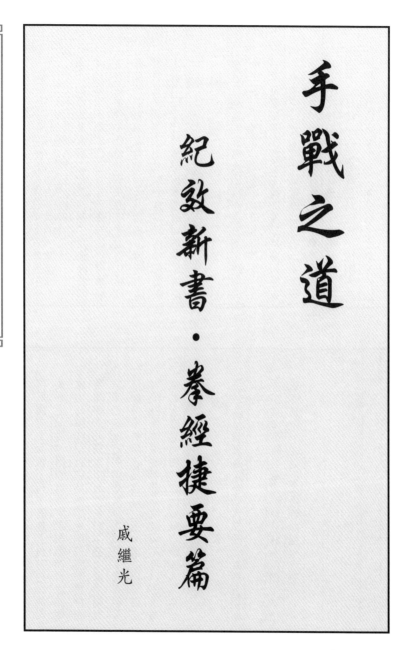

紀效新書卷十四

拳經捷要篇第十四

此藝不甚預於兵能有餘力則亦武門所當習但衆之不能强者亦聽其所便耳於是以此爲諸篇之末第十四

拳法似無預於大戰之技然活動手足慣勤肢體此爲初學入藝之門也故存于後以備一家學拳要身法活便手法便利脚法輕固進退得宜腿可飛騰而其妙也顛起倒插而其猛也披劈橫拳而其快也活捉朝天而其柔也知當斜閃故擇其拳之善者三十二勢勢相承遇敵制勝變化無窮

微妙莫測窈焉冥焉人不得而窺者謂之神俗云拳打不知是迅雷不及掩耳所謂不招不架只是一下犯了招架就有十下博記廣學多算而勝古今拳家宋太祖有三十二勢長拳又有六步拳猴拳囮拳名勢各有所稱而實大同小異至今之溫家七十二行拳三十六合鎖二十四棄探馬八閃番十二短此亦善之善者也呂紅八下雖剛未及綿張短打山東李半天之腿鷹爪王之拿千跌張之跌張伯敬之打少林寺之棍與靑田棍法相兼

手战之道　纪效新书·拳经捷要篇

楊氏鎗法與巴子拳棍皆今之有名者雖各有所取然傳有上而無下有下而無上就可取勝於人此不過偏於一隅若以各家拳法兼而習之正如常山蛇陣法擊首則尾應擊尾則首應擊其身而首尾相應此謂上下周全無有不勝大抵拳棍刀鎗叉鈀劒戟弓矢鈎鎌挨牌之類莫不先有拳法活動身手其拳也爲武藝之源今繪之以勢註之以訣以啟後學旣得藝必試敵切不可以勝負爲愧爲奇當思何以勝之何以敗之勉而久試怯敵

手战之道　纪效新书·拳经捷要篇

還是藝淺善戰必定藝精古云藝高人膽大信不誣矣

余在舟山公署得參戎劉草堂打拳所謂犯了招架便是十下之謂也此最妙即棍中之連打

手战之道　纪效新书·拳经捷要篇

懶扎衣出門架子變
下勢霎步單鞭對敵
若無膽向先空自眼
明手便

金雞獨立顛起裝腿
橫拳相兼搶背臥牛
雙倒遭着呌苦連天

手战之道 纪效新书・拳经捷要篇

探馬傳自太祖諸勢
可降可變進攻退閃
弱生强接短拳之至
善

拗單鞭黃花緊進披
挑腿左右難防搶步
上拳連劈揭沉香勢
推倒太山

手战之道 纪效新书・拳经捷要篇

七星拳手足相顧挨
步逼上下隄籠饒君
手快脚如風我自有
攪衝劈重

到騎龍詐輸佯走誘
追入遂我囘衝恁伊
力猛硬來攻怎當我
連珠砲動

手战之道 纪效新书・拳经捷要篇

懸脚虛餌彼輕進二
換腿决不饒輕趕上
一掌滿天星誰敢再
來比並

邱劉勢左搬右掌劈
來脚入步連心挪更
拳法探馬均打人一
着命盡

下插勢專降快腿得
進步攪靠無別鈎腳
鎖臂不容離上驚下
取一跌
埋伏勢窩弓待虎犯
圈套寸步難移就機
連發兩腿他受打必
定昏危

手战之道　纪效新书·拳经捷要篇

拋架子搶步披掛補
上腿那怕他識右橫
左採快如飛架一掌
不知天地
拈肘勢防他弄腿我
截短須認高低劈打
推壓要皆依切勿手
腳忙急

一霎步隨機應變左
右腿衝敵連珠恁伊
勢固手風雷怎當我
閃驚巧取
擒拿勢封腳套子左
右壓一如四平直來
拳逢我投活恁快腿
不得通融

手战之道　纪效新书·拳经捷要篇

手战之道　纪效新书·拳经捷要篇

中四平勢實推固硬
攻進快腿難來雙手
逼他單手短打以熟
爲乖
伏虎勢側身弄腿但
來湊我前撐看他立
站不穩後掃一跌分
明

雀地龍下盤腿法前
揭起後進紅拳他退
我雖顛補衝來短當
休延
朝陽手偏身防腿無
縫銷逼[illegible]豪英倒陣
勢彈他一脚好教他
師也喪身

鴈翅側身挨進快腿
走不留停追上穿庄
一腿要加剪劈推紅
騎虎勢那移發脚要
腿去不使他知左右
跟掃一連施失手剪
刀分易

手战之道　纪效新书・拳经捷要篇

拗鸞肘出步顛剢搬
下掌摘打其心拿鷹
捉兎硬開弓手脚必
須相應
當頭砲勢衝人怕進
步虎直擴兩拳他退
閃我又顛踹不跌倒
他也忙然

手战之道　纪效新书・拳经捷要篇

順鸞肘靠身搬打滚
快他難遮攔復外絞
刷回拴肚搭一跌誰
敢爭前
旗鼓勢左右壓進近
他手橫劈雙行絞靠
跌人人識得虎抱頭
要躲無門
紀效新書拳經卷十四終

手战之道　纪效新书・拳经捷要篇

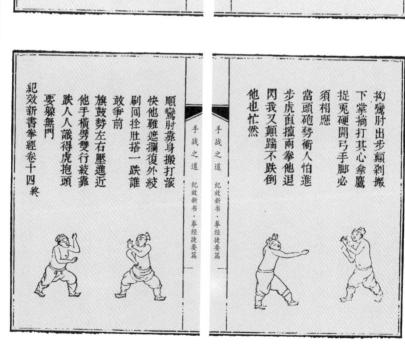

拳法似無預①於大戰之技，然活動手足，慣勤肢體，此為初學入藝之門也。故存於後，以備一家。

學拳要身法活便，手法便利，腳法輕固，進退得宜。腿可飛騰，而其妙也；顛起倒插②，而其猛也；披劈橫拳，而其快也；活捉朝天，而其柔也。知當③斜閃④。故擇其拳之善者三十二勢，勢勢相承。遇敵制勝，變化無窮。微妙莫測，窈焉冥焉，人不得而窺者謂之神。

俗云：「拳打不知。」是迅雷不及掩耳，所謂「不招不架，只是一下，犯了招架，就有十下。」博記廣學，多算而勝⑤。

【注釋】

①無預：無關聯。如宋代周密《齊東野語・洪君疇》：「使天下明知宰相台諫之去，出自獨斷，於內侍初無預焉。」

②顛起倒插：照曠閣本、三才圖會本等作「顛起倒插」，隆慶本、西諦

本、武備志本等作「顚番倒插」。番，同「翻」。

③當：古代武術中的一個重要術語。古人較藝，往往是按照一定的路數你來我往，也允許在一定的機會突發實手，這個機會就是「當」。俞大猷《劍經》云「此『當』字，如曲中之拍位，妙不可言」。馬明達《戚繼光〈拳經〉談論》一文對「當」有詳細的闡釋，可參考。

④斜閃：明末清初張孔昭《拳經拳法備要・問答歌訣二十款》云：「問曰：斜行並閃步，何為？答曰：在避直逃衝。避衝飛斜勢難當，逃直非閃焉能防；用橫用直急起上，步到身傍跌見傷。」馬明達先生認為，此處「斜行並閃步」即為「斜閃」，意在「避直逃衝」。因此，「斜閃」就是疾速避開對方的鋒芒並由被動轉入主動的重要方法。

⑤多算而勝：語出《孫子・始計篇》：「夫未戰而廟算勝者，得算多也；未戰而廟算不勝者，得算少也；多算勝，少算不勝，而況於無算乎？吾以此觀之，勝負見矣。」算，原為計數用的籌碼，此處引申為勝利的條件。

【今譯】

拳法似乎與大規模的軍事戰爭沒有關聯，然而它能靈活手腳，養成身體勤勞的習慣，這是初學戰鬥技藝的入門之路。因此，把它保存在後，作為一家之說。

學習拳法，要做到身法靈活，手法敏捷，步法輕健穩固，進身退步要能得其時宜。腿可飛起襲敵，這是它的巧妙；顛翻倒插一類的捽跌，是它的兇猛；披劈橫拳之類的打法，是它的迅捷；活捉朝天一類的拿法，是它的柔順。明白了攻守之中的機會便可防守反擊。因此選擇各類拳法中優秀的三十二個拳勢，使之勢勢相互銜接。在應用奪取勝利時，有無窮的變化。微妙之處令人高深莫測，深邃而幽遠，使人看不透其法，才稱得上神明。

俗話說：「拳打不知。」這好比迅猛的雷霆使人來不及掩耳一樣，也就是所說的「不招不架，只是一下，犯了招架，就有十下。」所以要博學廣記，多算後才能取勝。

古今拳家，宋太祖有三十二勢長拳，又有六步拳，猴拳，囮拳，名勢各有所稱，而實大同小異。至今之溫家七十二行拳，三十六合鎖，二十四棄，探馬，八閃番，十二短，此亦善之善者也。呂紅八下雖剛，未及綿張短打。山東李半天之腿，鷹爪王之拿，千跌張之跌，張伯敬之打，少林寺之棍與青田棍法相兼，楊氏槍法與巴子拳棍，皆今之有名者。雖各有所取，然傳有上而無下，有下而無上，就可取勝於人，此不過偏於一隅。

若以各家拳法兼而習之，正如常山蛇陣法，擊首則尾應，擊尾則首應，擊其身而首尾相應①，此謂上下周全，無有不勝。

大抵拳、棍、刀、槍、叉、鈀、劍、戟、弓矢、鉤鐮、挨牌之類，莫不先有拳法活動身手。其拳也，為武藝之源，今繪之以勢，註之以訣，以啟後學。既得藝，必試敵，切不可以勝負為愧為奇，當思何以勝之，何以敗之，勉而久試。怯敵還是藝淺，善戰必定藝精。古云「藝高人膽大」，信不誣矣。

余在舟山公署②，得參戎劉草堂③打拳，所謂「犯了招架，便是十下」之謂也，此最妙，即棍中之連打連戳一法。

【注釋】

①正如常山蛇陣法……首尾相應：比喻反應敏捷。語出《孫子》：「率然者，常山之蛇也，擊其首，則尾至，擊其尾，則首至，擊其中，則首尾俱至。」

②公署：古代官員辦公的住所。

③參戎劉草堂：明清的武官參將，俗稱「參戎」。劉草堂，名顯，字草堂，明代南昌人，曾任蘇州、松江參將，後任副總兵、總兵等官職。《明史》卷二一二有傳。

【今譯】

古今拳術門派，宋太祖有三十二勢長拳，又有六步拳、猴拳、囮拳，名目與拳勢雖然各有稱呼，而實際內容卻大同小異。留傳到現在的溫州七十二行拳、三十六合鎖、二十四棄、探馬、八閃番、十二短，等等，也是好中之好的拳法。呂紅的拳法八勢雖然剛強，但比不上綿張的短打。山東李半天的腿法、鷹爪王的拿法、千跌張的跌法、張伯敬的打法、與青田棍法相融合的少林寺棍法以及楊氏槍法、巴子拳棍，等等，都是如今聞名於世的。以上拳家，雖然各有長處，然所傳授有上無下，或有下無上的拳法，都足以戰勝別人，但這不過是片面之間。

如果能綜合學習各家拳法的長處，則好似「常山蛇陣法」，攻擊其頭部，尾部則能救應；攻擊其尾部，頭部可來救應；攻擊其身軀，而頭、尾一齊來相應。上下齊全完備，沒有什麼不勝利的了。

大體上說，拳、棍、刀、槍、叉、鈀、劍、戟、弓矢、鈎鐮、挨牌之類，都是先從拳法活動身手開始的。拳法為武藝的根源，現在把《拳經》「三十二勢」繪製成圖，並加註歌訣，藉以啟示後來的學習者。既然學了拳藝，就一定要參加比試，決不可因為獲勝而驕傲，或者因為失敗而羞愧，應當想想為什麼能夠獲勝或者失敗，從而勉勵自己經常實戰比試。臨陣怯敵還是武藝不深，善戰能勝一定武藝精。古人說：「藝高人膽大」，這話實在不假。

我在舟山公署時，得見參將劉草堂打拳，他所說的「犯了招架，便是十下」是最精彩的，這也就是棍法的連打連戳之法。

三十二拳勢①

懶扎衣出門架子，變下勢霎步單鞭，

對敵若無膽向先，空自眼明手便。（圖1）

金雞獨立顛起，裝腿橫拳相兼，

搶背臥牛雙倒，遭著叫苦連天。（圖2）

探馬傳自太祖，諸勢可降可變，

進攻閃退弱生強，接短拳之至善。（圖3）

拗單鞭黃花緊進，披挑腿左右難防，搶步上拳連劈揭，沉香勢推倒太山。（圖4）

圖1

圖2

圖3

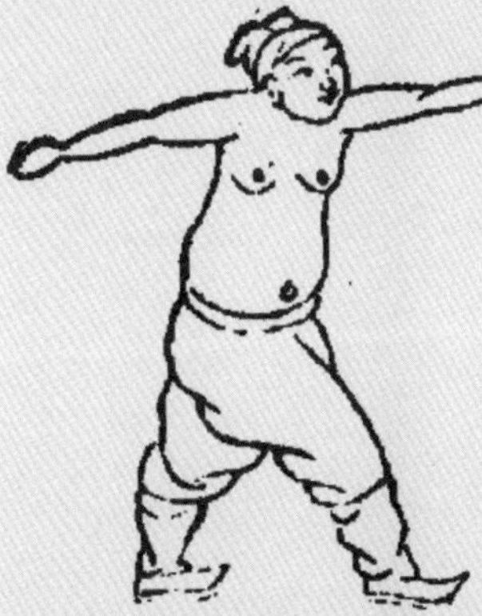

圖4

七星拳手足相顧，挨步逼上下隄籠，
饒君手快腳如風，我自有攙衝劈重。（圖5）
倒騎龍詐輸佯走，誘追人遂我回衝，
恁伊力猛硬來攻，怎當我連珠炮動。（圖6）
懸腳虛餌彼輕進，二換腿絕不饒輕，
趕上一掌滿天星，誰敢再來比並。（圖7）

圖5

圖6

圖7

邱劉勢左搬右掌，劈來腳入步連心，挪更拳法探馬均，打人一著命盡。（圖8）

下插勢專降快腿，得進步攬靠無別，鈎腳鎖臂不容離，上驚下取一跌。（圖9）

埋伏勢窩弓待虎，犯圈套寸步難移，就機連發幾腿，他受打必定昏危。（圖10）

圖8

圖9

圖10

抛架子搶步披掛，補上腿那怕他識，
右橫左採快如飛，架一掌不知天地。（圖11）
拈肘勢防他弄腿，我截短須認高低，
劈打推壓要皆依，切勿手腳忙急。（圖12）
一霎步隨機應變，左右腿衝敵連珠，
恁伊勢固手風雷，怎當我閃驚巧取。（圖13）

圖11

圖12

圖13

擒拿勢封腳套子，左右壓一如四平，
直來拳逢我投活，恁快腿不得通融。（圖14）

中四平勢實推固，硬攻進快腿難來，
雙手逼他單手，短打以熟為乖。（圖15）

伏虎勢側身弄腿，但來湊我前撐，
看他立站不穩，後掃一跌分明。（圖16）

圖14

圖15

圖16

高四平身法活變，左右短出入如飛，
逼敵人手足無措，恁我便腳踢拳捶。
倒插勢不與招架，靠腿快討他之贏，
背弓進步莫遲停，打如穀聲相應。
井欄四平直進，剪臁提膝當頭，
滾穿劈靠抹一鉤，鐵樣將軍也走。
鬼蹴腳搶人先著，補前掃轉上紅拳，
背弓顛補披揭起，穿心肘靠妙難傳。
指當勢是個丁法，他難進我好向前，
踢膝滾躦上面急，回步顛短紅拳。
獸頭勢如牌挨進，恁快腳遇我慌忙，
低驚高取他難防，接短披紅衝上。
神拳當面插下，進步火焰攢心，

遇巧就拿就跌，舉手不得留情。

一條鞭橫直披砍，兩進腿當面傷人，

不怕他力粗膽大，我巧好打通神②。

雀地龍下盤腿法，前揭起後進紅拳，

他退我雖顛補，衝來短當休延。（圖17）

朝陽手偏身防腿，無縫鎖逼退豪英，

倒陣勢彈他一腳，好教他師也喪身③。（圖18）

圖17

圖18

雁翅側身挨進，快腿走不留停，
追上穿莊一腿，要加剪劈推紅。（圖19）
跨虎勢挪移發腳，要腿去不使他知，
左右跟掃一連施，失手剪刀分易。（圖20）
拗鸞肘出步顛剁，搬下掌摘打其心，
拿鷹捉兔硬開弓，手腳必須相應。（圖21）

圖19

圖20

圖21

當頭炮勢衝人怕，進步虎直攛兩拳，
他退閃我又顛踹，不跌倒他也忙然。（圖22）
順鸞肘靠身搬打，滾快他難遮攔，
復外絞刷回拴肚，搭一跌誰敢爭前。（圖23）
旗鼓勢左右壓進，近他手橫劈雙行，
絞靠跌人人識得，虎抱頭要躲無門。（圖24）

圖22

圖23

圖24

【注釋】

①《拳經捷要篇》收入明代各家拳法三十二勢，故又稱「拳經三十二勢」。目前所見的各種清代刊本，缺了其中八勢，只有二十四勢。西諦本、隆慶本為全本，有全部的三十二勢。此外茅元儀《武備志》、王圻、王思義父子《三才圖會》輯錄也有全部的三十二勢。

另外，萬曆二十七年所刊刻的民間日用類書《新刻天下四民便覽三台萬用正宗》卷二十六「武備門」部分有「宋太祖三十二勢長拳歌」，從內容來看，顯然源自戚氏之「拳經三十二勢」。

西諦本、隆慶本原本校者尚未得見，但據這兩個本子所點校的《紀效新書》早已面世，盛冬鈴點校本底本為西諦本（《紀效新書》中華書局，一九九六年）、曹文明點校本底本為隆慶本（《紀效新書》中華書局，二〇〇一年）。透過對比西諦本與隆慶本，發現兩個本子的「拳經三十二勢」順序相同。因此，照曠閣本所缺的八勢，據此二本補入。

鞭」，此八勢底本缺，據西諦本、隆慶本補入。

②「高四平、倒插勢、井欄四平、鬼蹴腳、指當勢、獸頭勢、神拳、一條

③好教他師也喪身：西諦本、隆慶本作「好教師也喪聲名」。

手戰之道

王征南墓誌銘

黃宗羲①

王征南墓誌銘 己酉

少林以拳勇名天下然主於搏人人亦得以乘之有所謂內家者以靜制動犯者應手卽仆故別少林爲外家蓋起於宋之張三峯三峯爲武當丹士徽宗召之道梗不得進夜夢玄帝授之拳法厥明以單丁殺賊百餘三峯之術百年以後流傳於陝西而王宗爲最著溫州陳州同從王宗受之以此教其鄉人由是流傳於溫州嘉靖間張松溪爲最著松溪之徒三四人而四明葉繼美近泉爲之魁由是流傳於四明四明得近泉之傳者爲吳崑山周雲泉單思南陳貞石孫繼槎皆各有授受崑山傳李天目徐岱岳天目傳余波仲吳七郎陳茂弘雲泉傳盧紹岐貞石傳董扶輿夏枝溪繼槎傳柴玄明姚石門僧耳僧尾而思南之傳則爲王征南思南從征關白歸老於家以其術教授然精微所在則亦深自秘惜掩關而理學子皆不得見征南從樓上穴板窺之得梗槩思南子不肖思南自傷身後莫之經紀征南聞之以銀巵數器奉爲美檟之資思南感其意始盡以不傳者傳之征南爲人機警得傳之後絕不露圭角非遇甚困則不發嘗夜出偵事爲守兵所獲反接廊柱數十人轟飲守之征南拾碎磁偷割其縛探懷中銀望空而擲數十人方爭攫征南遂逸出數十人追之皆蹷地匍匐不能起行數里迷道田間守望者又以爲賊也聚衆圍之征南所向衆無不受傷者歲暮獨行遇營兵七八人挽之負重征南苦辭求免不聽征南至橋上棄其負營兵拔刀擬之征南手格而營兵自擲仆地鏗然刀墮如是者數人最後取其刀投之井中營兵索綆出刀而征南之去遠矣凡搏人皆以其穴死穴暈穴啞穴一切如銅人圖法有惡少侮之者爲征南所擊其人數日不溺踵門謝過始得如故牧童竊學其法以擊伴侶立死征南視之曰此暈穴也不久當甦已而果然征南任俠嘗爲人報讐然激於不平而後爲之有與征南久故者致金以讐其弟征南毅然絕之曰此以禽獸待我也征南名來咸姓王氏征南其字也自奉化來鄞祖宗周父宰元母陳氏世居城東之車橋至征南而徙同嶴少時隸盧海道若騰海道較藝給糧征南嘗兼數人直指行部征南七矢破的補臨山把總錢忠介公建 以中軍統營事屢立戰功授都督僉事副總兵官事敗猶與華兵部勾致島人藥書往復兵部受禍讐首未懸征南終身菜食以明此志識者哀之征南罷事家居慕其才藝者以爲貧必易致營將皆通慇懃而征南漠然不顧鋤地擔糞若不知己之所長有易於求食者在也一日過其故人故人與營將同居方延松江教師講習武藝教師倨坐彈三絃視征南麻巾縕袍若無有故人爲言征南善拳法教師斜眄之曰若亦能此乎征南謝不敏教師軒衣張眉曰亦可小試之乎征南固謝不敏教師以其畏己也强之愈力征南不得已而應教師被跌請復之再跌而流血破面教師乃下拜贄以二縑征南未嘗讀書然與士大夫談論則蘊藉可喜了不見其爲麤人也余弟晦木嘗揭之見錢牧翁牧翁亦甚奇之當其貧困無聊不以爲苦而以得見牧翁得交余兄弟沾沾自喜其好事如此予

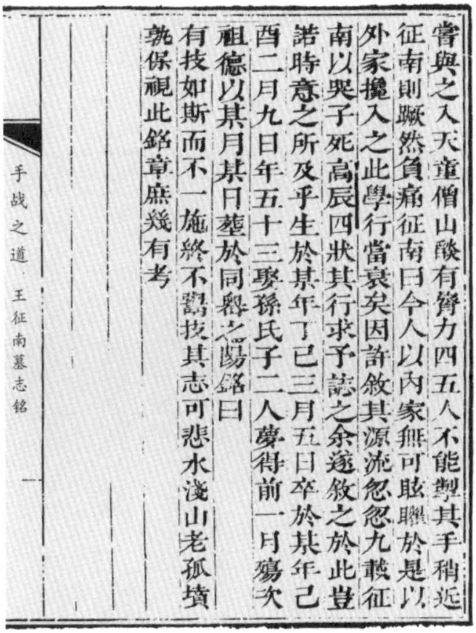
嘗與之入天童僧山焱有膂力四五人不能斲其手稍近
征南則蹶然負痛征南曰今人以內家無可眩耀於是以
外家攙入之此學行當衰矣因許敘其源流忽忽九載征
南以哭子死高辰四狀其行求予誌之余遂敘之於此豈
諾時意之所及乎生於某年丁巳三月五日卒於某年己
酉二月九日年五十三娶孫氏子二人夢得前一月殤次
祖德以其月某日葬於同邑之陽銘曰
有技如斯而不一施終不鶴拔其志可悲水淺山老孤墳
孰保視此銘章庶幾有考

手战之道・王征南墓志铭

少林以拳勇名天下，然主於搏人，人亦得以乘之。有所謂內家者，以靜制動，犯者應手即仆，故別少林為外家，蓋起於宋之張三峰。

三峰為武當丹士，徽宗召之，道梗②不得進，夜夢玄帝③授之拳法，厥明，以單丁殺賊百餘。

三峰之術，百年以後，流傳於陝西，而王宗為最著。溫州陳州同，從王宗受之，以此教其鄉人，由是流傳於溫州。嘉靖間，張松溪④為最著。松溪之徒三四人，而四明葉繼美、近泉為之魁，由是流傳於四明。四明得近泉之傳者，為吳崑山、周雲泉、單思南、陳貞石、孫繼槎，皆各有授受。崑山傳李天目、徐岱岳；天目傳余波仲、吳七郎、陳茂弘。雲泉傳盧紹岐。貞石傳董扶輿、夏枝溪。繼槎傳柴玄明、姚石門、僧耳、僧尾。而思南之傳，則為王征南。

【注釋】

①黃宗羲（一六一〇一六九五年）：明末清初經學家、史學家、教育家等，字太沖，號南雷，又號梨洲，學者稱為梨洲先生，浙江餘姚人。崇禎二年（一六二九年），從學劉宗周。並與復社著名文士相往來。崇禎十五年（一六四二年），會試北京，名落孫山，後與弟宗炎、宗會同遊四明山，三兄弟均以文學著名，儒林稱之為「東浙三黃」。一六四四年明朝滅亡，他招募義兵，抵抗清軍南下，曾被南明魯王任為左副都御史。抗清失敗後，隱居著述，多次拒絕清廷的徵召。黃宗羲學識淵博，精通經史、天文、曆法、數學、音律。黃宗

義一生勤於著述，作品甚多，有《易學象數論》《授書隨筆》《律呂新義》《孟子師說》《南雷文案》《詩案》等五十餘種、近千卷。代表作品是《明夷待訪錄》和《明儒學案》。康熙二十七年（一六八八年），自己築墓，墓中放一石床，不用棺槨，遺命以一被一褥和常穿的衣服角巾殮。康熙三十四年七月初三日（一六九五年八月十二日），在浙江餘姚辭世，終年八十六歲，家人遵遺命，不棺而葬。生平見《清史稿》卷四八〇《儒林傳》，詳見全祖望《黃梨洲先生神道碑文》（《鮚埼亭集》卷十一）。

《王征南墓誌銘》作於清康熙己酉年，即西元一六六九年。

②梗：阻塞之意。

③玄帝：玄帝有三解，其一，指北方之帝，即顓頊。《莊子·大宗師》云：「顓頊得之，以處玄宮。」唐代成玄英疏：「顓頊，黃帝之孫，即帝高陽也，亦曰玄帝……年九十七崩，得道，為北方之帝。」其二，指夏禹。禹治水有功，水色黑，故稱玄帝。唐代陳子昂《昭夷子趙碑》：「玄帝傳家，五百數

終。」其三，指道教所信奉的眞武大帝。張三峰所夢玄帝即指眞武大帝。

④張松溪，明嘉靖末浙江鄞縣人，師從孫十三老，為當地著名武術家。明代萬曆首輔沈一貫作《搏者張松溪傳》、清代曹秉仁《寧波府志》有《張松溪傳》一文，對張松溪生平行誼有較詳細的記述。

【今譯】

少林以拳勇聞名天下，然而以主動進攻為主，別人也可以乘機反擊。有人說內家拳，是以靜制動，來犯的人隨手就會跌倒，因此把少林另稱為外家，內家大概起源於宋代的張三峰。

張三峰是武當山煉丹的方士，宋徽宗召見他，路上受阻不能繼續前進，夜裡夢見真武大帝傳授他拳法，天亮後，以一人之力殺賊百餘人。

張三峰的拳術，百年後流傳於陝西，以王宗最為著名。溫州的陳州同從王宗學到其技，並教給鄉人，於是內家拳流傳於溫州。嘉靖年間，張松溪最為著名。松溪的徒弟有三四人，以四明人葉繼美、近泉為最好，於是又流傳於四明。四明得到近泉傳授的，有吳崑山、周雲泉、單思南、陳貞石、孫繼槎，都各有傳授。崑山傳給李天目、徐岱岳。天目傳給余波仲、吳七郎、陳茂弘。雲泉傳給盧紹岐。貞石傳給董扶輿、夏枝溪。繼槎傳給柴玄明、姚石門、僧耳、僧尾。而思南則傳給王征南。

思南從征關白①，歸老於家，以其術教授，然精微所在，則亦深自秘惜，掩關②而理，學子皆不得見。征南從樓上穴板窺之，得梗概。思南子不肖，思南自傷身後，莫之經紀。征南聞之，以銀卮數器，奉為美檟③之資。思南感其意，始盡以不傳者傳之。

征南為人機警，得傳之後，絕不露圭角④，非遇甚困則不發。嘗夜出偵事，為守兵⑤所獲，反接廊柱，數十人轟飲⑥守之。征南拾碎磁，偷割其縛，探懷中銀，望空而擲，數十人方爭攫⑦，征南遂逸出。數十人追之，皆殕地⑧，匍匐不能起。行數里，迷道田間，守望者又以為賊也，聚眾圍之。征南所向，眾無不受傷者。

歲暮獨行，遇營兵七八人，挽之負重⑨。征南苦辭求免，不聽。征南至橋上，棄其負，營兵拔刀擬之⑩，征南手格，而營兵自擲仆地，鏗然⑪刀墮，如是者數人，最後取其刀投之井中。營兵索綆⑫出刀，而征南之去遠矣。

【注釋】

①關白：日本古代官名。天皇年幼時太政大臣主持政事稱「攝政」，天皇成年親政後改稱「關白」。日本仁和三年（八八七年），宇多天皇即位後下詔：「唯諸事先經關白過問，然後奏聞天皇。」始有「關白」之稱。關白握有實權，長期有藤原氏充任。院政時期，作用已有削弱。至江戶時代（一六〇三—一八六七年），已有名無實。

按：明萬曆二十年（一五九二年），關白豐臣秀吉派兵入侵朝鮮，明朝出兵救援，故時人習慣稱為「征關白」。明代沈德符《萬曆野獲編・兵部・斬蛟記》云：「關白之犯朝鮮，朝議傾國救之。」此是說單思南參加了明朝對朝鮮的救援戰爭。

②掩關：即閉門、關門之意。唐代吳少徵《怨歌行》云：「長信重門晝掩關，清房曉帳幽且閑。」明代劉基《辛卯仲冬雨中作》詩之一：「青燈無光掩關坐，饑鼠相銜啼過我。」

③檟（ㄐㄧㄚˇ）：楸樹的別稱。楸木一般用作傢俱木材，也作棺木材料，此處為棺木之意。

④圭角：圭，古代帝王或諸侯在舉行典禮時拿的一種玉器，上圓（或劍頭形）下方。圭角即其棱角，比喻鋒芒。

⑤守兵：指負責守備的士兵。

⑥轟飲：指許多人聚在一起狂飲。

⑦爭攫（ㄐㄩㄝˊ）：即爭搶。

⑧踣（ㄅㄛˊ）地：跌倒在地。

⑨歲暮獨行，遇營兵七八人，挽之負重：此句是說，年末的一天，征南獨自走在街上，遇到七八個官兵，強行讓其背負重擔。

⑩擬之：此句是說官兵準備拔刀捉拿王征南。

⑪鏗（ㄎㄥ）然：是指刀落地時發出的響亮聲音。宋人蘇軾《石鐘山記》有云：「石之鏗然有聲者，所在皆是也。」

⑫綆（ㄍㄥˇ）：指汲水用的繩子。

【今譯】

思南從軍征戰關白，年老後回家，以自己的內家拳傳授徒弟，但其中微妙精深的地方，也不輕易傳人，關起門來獨自練習，徒弟們都不能看到。征南在樓上樓板的縫隙中偷看，得到了大概。

思南的兒子不成器，思南為自己的後事無人料理而傷心。征南知道後，便拿了幾件銀質酒器，奉獻給他作為購買棺木的費用。思南有感於他的誠意，才把不傳之秘全部傳授給征南。

征南做人處世機智靈敏，得到真傳後，絕不顯露鋒芒，只有在十分危急的時候才使用。他曾於夜間出去偵查情況，被守衛的士兵俘獲，反綁在廊柱上，十多個人聚集在一起，一邊狂飲一邊看守著他。征南撿起一塊碎瓷片偷偷地割斷綁縛的繩索，拿出懷中的銀子，拋擲空中，趁守兵搶奪之際，征南逃了出去。十幾個人追他，都跌倒在地不能起來。跑了幾里地後，迷失在田地間，看守的人又以為他是賊，聚集眾人圍住他。征南所到之處，沒有人不受傷的。

年末的一天，征南獨自走在街上，遇到七八個官兵，強行讓其背負重擔。他苦苦推託求免，營兵不予理睬。到橋上的時候，征南丟掉背著的東西，營兵拔刀準備砍他，征南徒手相格，而營兵都自己跳起來撲倒在地上，刀也鏗然落地，像這樣跌倒的營兵有好幾人，最後征南把刀丟進井裡。營兵找來井繩取出刀時，征南已經走得很遠了。

凡搏人，皆以其穴，死穴、暈穴、啞穴①，一切如銅人圖法②。有惡少侮之者，為征南所擊，其人數日不溺③，踵門④謝過，始得如故。牧童竊學其法，以擊伴侶，立死。征南視之曰：「此暈穴也，不久當甦。」已而果然。

征南任俠⑤，嘗為人報讎⑥，然激於不平而後為之。有與征南久故者，致金以讎其弟⑦，征南毅然絕之，曰：「此以禽獸待我也。」

【注釋】

①凡搏人……啞穴：內家拳（非今日所言太極、八卦、形意者）文獻中，有穴法的記載，見於黃宗羲《王征南墓誌銘》、黃百家《王征南先生傳》以及清代曹秉仁《寧波府志・張松溪傳》，而更早的明代沈一貫所作《搏者張松溪傳》，並沒有關於穴法的記載。黃氏父子所記「以穴博人者」皆為王征南，而曹秉仁所記為張松溪。黃宗羲與曹秉仁所記穴法相同，都為死穴、暈穴、啞

穴，惟順序不同，《寧波府志・張松溪傳》云：「（張松溪）博人，必以其穴：有暈穴、有啞穴、有死穴，相其穴而輕重擊之，無毫髮爽者。」而黃百家所記，除了此三穴之外，又多出「咳穴、膀胱、蝦蟆、猿跳、曲池、鎖喉、解頤、合谷、內關、三里等穴」。黃百家所述之穴位，詳見《王征南先生傳》校釋，茲不贅言。

②銅人圖法：是指銅製人體經絡穴位模型。此模型最早為北宋王惟一於天聖五年（一〇二七年）創鑄。此前，王惟一編纂完成《銅人腧穴針灸圖經》三卷，此書考訂了經絡循行和腧穴部位，詳述腧穴的主治疾病和療法；在此基礎上鑄成銅人模型，刻示經絡、腧穴部位；又繪製十二經圖，敘述了十一世紀以前的針灸經絡學說。

③溺（ㄋㄧㄠˋ）：作動詞，指排泄小便，後作「尿」。

④踵門：親自上門之謂。

⑤任俠：指憑藉權威、勇力或財力等手段扶助弱小者，幫助他人。

⑥報讎：亦作「報仇」。

⑦以讎其弟：讎，通「仇」，「以讎其弟」是指為其弟報仇。

【今譯】

打人時都打穴位，如死穴、暈穴、啞穴，一切都按銅人圖法。

有一惡少侮辱征南，被他打後，惡少便幾天不能小便，親自登門謝罪後，才得以恢復正常。有個牧童偷學了他打人方法，用來擊打同伴，同伴馬上死去。征南看了以後說：「這是暈穴，一會兒便可醒過來。」後來果真如此。

征南好打抱不平，曾經為人報仇，那是激於不平而做的事情。有人與征南是很久的故交，送錢要他去給自己的弟弟報仇，征南毅然拒絕，說：「你這是以禽獸來看待我了。」

征南名來咸，姓王氏，征南其字也，自奉化來鄞。祖宗周，父宰元，母陳氏，世居城東之車橋，至征南而徙同嶴①。少時，隸盧海道若騰②，海道較藝給糧，征南嘗兼數人。直指行部③，征南七矢破的，補臨山把總④。

錢忠介公建囗，以中軍統營事⑤，屢立戰功，授都督僉事⑥、副總兵官⑦。事敗，猶與華兵部⑧勾致島人⑨，藥書⑩往復。兵部受禍，讎首未懸⑪，征南終身菜食⑫，以明此志，識者哀之。

【注釋】

①同嶴：地名。今寧波鄞州區五鄉鎮。《三字經》作者王應麟亦為同嶴人氏。

②隸盧海道若騰：海道，明代在沿海重要地區設有「巡海道」的官職。盧若騰（一五九八—一六六四年），字閑之，又字海運，號牧洲，一作牧舟，福建浯州（今金門）人。崇禎十二年（一六三九年）進士。授兵部主事，擢郎中。出為浙江布政司左參議，領巡海道，駐寧波。又於寧波興利除弊，民

稱「盧菩薩」。十七年（一六四四年），福王即位南京，授其僉都御史、巡撫鳳陽。南明隆武元年（一六四五年），唐王朱聿鍵即位福州，授其浙東巡撫，駐溫州，後加兵部尚書。清軍南下，奉守平陽，力戰負傷，後轉入閩海，居浯州，勤於著述。鄭成功至廈門，禮為上賓。南明永曆十八年三月（一六六四年），與前右副都御史沈佺期、刑部主事許吉燝同舟赴台投鄭，至澎湖突然病重而卒。盧若騰一生著述甚豐，有《留庵文集》（二十六卷）、《方輿互考》（三十二卷）、《與耕堂隨筆》《島噫詩》《島居隨錄》《浯州節烈傳》《印譜》等，後多散失，僅存《島噫詩》一書行世。

③直指行部：直指，漢武帝時朝廷設置的專管巡視、處理各地政事的官員。也稱「直指使者」，因出巡時穿著繡衣，故又稱「繡衣直指」，或稱「直指繡衣使者」。明人則稱各省的巡按御史為直指。「直指行部」是說巡按御史巡視部署。

④補臨山把總：臨山，今浙江余姚市臨山鎮。把總，明清兩代鎮守地方的

武官，職位次於千總，為低級武官。

⑤錢忠介公建□，以中軍統營事：錢忠介公，即錢肅樂（一六〇六—一六四八年），字希聲，一字虞孫，號正亭。浙江鄞縣人。崇禎年間進士。南明福王弘光元年（一六四四年）清兵攻破杭州，寧波諸生董志甯等領導民衆，擁錢肅樂為領袖，舉兵反清，應者達數萬人。南明紹武二年（一六四六年），由海島入閩。浙、閩失守後，他漂泊海島，擁魯王繼續抗清。死後魯王謚其忠介。黃宗羲作有《錢忠介公傳》。

「建」後缺一字，按文意，或為「義」字。建義，謂興義軍，舉義旗。如黃宗羲《明夷待訪錄・兵制二》云：「是故建義於郡縣者，皆文臣及儒生也。」

中軍，指主將或指揮部。此處指王征南為錢肅樂直屬衛隊的指揮官。

⑥都督僉事：明朝初年（一三六一年），朱元璋改原樞密院為大都督府，設大都督職位，統領內衛（京城）、外衛（地方）兵馬。明末，大都督府為五

軍都督府（中軍都督府、左軍都督府、右軍都督府、前軍都督府、後軍都督府）的總稱，每府設都督及都督同知、都督僉事。都督僉事為都督助手，通常協助都督分管軍紀、訓練等事務。

⑦總兵官：武職官名，明初為出征時的統帥，後為鎮守地方的最高武職。其次為副總兵官。

⑧華兵部：即鄞縣人華夏，曾被授並不職方郎中，故稱「華兵部」。清順治二年（一六四五年）華夏起義抗清，失敗後，又聯絡據守海島滃洲的總兵黃斌卿，在順治五年（一六四八年）再次起義，但失敗了，第二年被殺害。

⑨島人：即黃斌卿，字明輔，號虎癡，浙江莆田人。崇禎十年（一六三七年），因軍功調浙江寧台參將，統領水師，鎮守舟山。十七年福王即位南京時升為總兵官。後督師廣西。翌年，黃道周、鄭芝龍等擁唐王朱聿鍵稱帝福州，復封其為威鹵侯，鎮守舟山。掛鎮南將軍印，加封肅國公。清順治六年（一六四九年）南明政權唐王、魯王內訌，魯王兵敗於閩，欲退舟山，其不受理。九

月，魯王遣部將張名振、阮進合兵討伐，兵敗城破，偕二女赴水死。

⑩藥書：指用藥水寫的密信，經過特殊的處理之後方能看出字跡。

⑪雔首未懸：雔，同「仇」，仇人之謂，此處指鄞縣謝三賓。謝三賓，字象三，號寒翁，浙江鄞縣人，錢謙益門生，明末降臣。天啓五年（一六二五年）進士，永嘉縣令。崇禎時，官至太僕寺卿。清兵南下，降順江浙抗清義士，多為所陷害。華夏、黃斌卿起義之事，因謝三賓告密失敗，華夏被害，而謝未死，故云「雔首未懸」。

⑫菜食：即素食。

【今譯】

征南名來咸，姓王，征南是他的字，是從奉化遷來鄞縣的。祖父宗周，父親宰元，母親陳氏，世代居住在城東的車橋，到征南才遷到同嶴。征南年輕時隸屬盧若騰部下，盧氏衡量各人的武藝配給口糧，征南曾領用多人口糧（此處是說征南武藝高強）。巡按御史巡視部屬，征南七箭中的，補授臨山把總。錢肅樂起兵，王征南以中軍統領營務，屢立戰功，授為都督僉事、副總兵官。失敗後，他仍同華夏聯絡黃斌卿，密信往來。華夏被害，而仇人未死，征南終身素食，以表明自己的志願，知道的人都為他感到悲傷。

征南罷事①家居，慕其才藝者，以為貧必易致，營將皆通殷懃②，而征南漠然不顧，鋤地擔糞，若不知己之所長，有易於求食者在也。

一日，過其故人。故人與營將同居，方延③松江教師，講習武藝。教師倨坐④彈三弦，視征南麻巾縕袍⑤若無有。故人為言征南善拳法，教師斜盼⑥之，曰：「若亦能此乎？」征南謝不敏⑦。教師軒衣張眉⑧曰：「亦可小試之乎？」征南固謝不敏。教師以其畏己也，強之愈力。征南不得已而應，教師被跌，請復之，再跌而流血破面。教師乃下拜，贄以二縑⑨。征南未嘗讀書，然與士大夫談論，則蘊藉⑩可喜，了不見其為麤⑪人也。

【注釋】

①罷事：指不問世事。

②營將皆通殷懃：營將，指清軍將領。殷懃（ㄑㄧㄣˊ），同「殷勤」。

③方延：方，表示時間，「正好」「正在」之意。延，邀請之謂。

④倨坐：倨，通「踞」，指伸開腳坐著。倨坐，即「踞坐」，指坐時兩腳底和臀部著地，兩膝上聳。倨坐是一種待人傲慢的坐姿。

⑤縕（ㄩㄣˋ）袍：用亂麻舊棉作絮的袍子，常為貧窮者所穿。《論語・子罕》：「衣敝縕袍，與衣狐貉者立，而不恥者，其由也與？」

⑥盻（ㄒㄧˋ）：看。

⑦征南謝不敏：不敏，謙詞，猶不才。「征南謝不敏」，是說征南推辭說自己不會拳法。

⑧軒衣張眉：軒，高起，飛揚之謂。《魏書・路恃慶傳》附路思令上疏有「軒眉攘腕」之語，軒眉猶揚眉。張眉，舒展眉毛，神情興奮貌。韓愈《石鼎

聯句》詩序：「喜視之若無人，彌明忽軒衣張眉，指爐中石鼎謂喜曰：『子雲能詩，能與我賦此乎？』」

⑨贄以二縑：贄，贈送，持物以求見。縑，雙絲的淡黃色絹。

⑩蘊藉：含而不露。

⑪麄（ㄘㄨ）：同「粗」。

【今譯】

征南在家不問世事，羨慕他技藝的人，認為他貧窮必定容易招致，清軍將領也都向他通獻殷勤，而征南卻漠然不顧，耕田挑糞，像不知道自己所擅長的武藝中，有容易求食的本領。

一天，征南去看望老友。老友與營將在一起，正請了一位松江教師在講習武藝。武師傲慢地坐著彈三弦，把身穿布衣的征南不放在眼裡。老友向他說征南擅長拳法，教師斜視著說：「你也會這個嗎？」征南推辭說不會。教師敞衣揚眉說：「可以試一試嗎？」征南堅持推辭說不會。教師以為征南害怕自己，更加強邀他。征南不得已便答應了，教師被征南弄跌了一跤，要求再來，第二次則被跌的流血破面。教師於是向他下拜，並贈送兩匹細絹。征南沒有讀過書，但與士大夫談論，卻含蓄有物令人欣喜，一點也看不出他是個粗人。

余弟晦木①，嘗揭之見錢牧翁②，牧翁亦甚奇之。當其貧困無聊③，不以為苦，而以得見牧翁、得交余兄弟，沾沾自喜，其好事如此④。

予嘗與之入天童⑤，僧山焰有膂力，四五人不能掣其手。稍近征南，則蹶然負痛。征南曰：「今人以內家無可眩曜，於是以外家攙入之，此學行當衰矣⑥。」因許敘其源流。忽忽九載，征南以哭子死⑦。高辰四狀其行，求予志之⑧。余遂敘之於此，豈諾時意之所及乎⑨。生於某年丁巳⑩三月五日，卒於某年己酉⑪二月九日，年五十三。娶孫氏，子二人：夢得，前一月殤⑫；次祖德。以某月某日葬於同嶴之陽。

銘曰：有技如斯，而不一施。終不鬻技⑬，其志可悲。水淺山老，孤墳孰保。視此銘章⑭，庶幾有考。

【注釋】

①晦木：即黃宗炎（一六一六——一六八六年），字晦木，一字立谿，人稱鷓鴣先生。崇禎中貢生，學行與宗羲不相上下，而高傲過之。著《周易象辭》《尋門餘論》《山棲集》等書。

②錢牧翁：即錢謙益（一五八二——一六六四年），字受之，號牧齋，江蘇常熟人，明萬曆三十八年（一六一〇年）一甲三名進士。錢謙益是東林黨的領袖之一，官至禮部侍郎，因與溫體仁爭權失敗而被革職。明亡後，馬士英、阮大鋮在南京擁立福王，建立南明弘光政權，錢謙益依附之，為禮部尚書。後降清，為禮部侍郎。乾隆四十一年（一七七六年）十二月，皇帝下詔將錢謙益列貳臣傳。

③無聊：無以為生。

④余弟晦木……其好事如此：「四部叢刊本」有存，而康熙二十七年（一六八八年）「靳治荆刻本」、咸豐三年（一八五三年）廣東南海伍崇曜「粵雅堂叢書」本均無。

⑤天童：即寧波天童寺。

⑥今人以……當衰矣：這句話意思是說，現在的人認為內家拳沒有什麼可以用來炫耀的，所以將外家功夫摻入裡面，這個學問很快就要衰敗了。

⑦忽忽九載，征南以哭子死：忽忽，時間快速飛逝的樣子。此句是說，倏忽又過了九年，王征南因為悲痛兒子的夭亡而死。

⑧高辰四狀其行，求予志之：高辰四，生卒年不詳，名斗權，明末清初人士，抗清鬥士，浙江鄞縣人。與長兄斗樞、弟斗魁（旦中）、從子宇泰（虞尊），被時人尊稱「四高公」。高辰四交遊甚廣，除了與黃宗羲、黃宗炎兄弟外，還與呂留良、李鄴嗣等人多有過從。康熙三年（一六六四年），高辰四造

訪呂留良，後去福建，呂作有《喜高辰四至，遂送之閩》詩三首。李鄴嗣有《贈辰四旦中四首》《高辰四五十序》等詩文，在《高辰四五十序》文中，李鄴嗣稱高辰四：「辰四意思淵長，徐吐一言，常有深致；晚年始為文章，簡淡有法；貧無門儲，閉門怡然。」

「高辰四狀其行，求予志之」句是說，高辰四把王征南的一生寫了出來，並讓我寫墓誌。

⑨「余遂敘之於此，豈諾時意之所及乎」句：「四部叢刊本」有存，而康熙二十七年（一六八八年）「靳治荊刻本」、咸豐三年（一八五三年）廣東南海伍崇曜「粵雅堂叢書」本均無。

⑩丁巳：明萬曆四十五年（一六一七年）。

⑪己酉：清康熙八年（一六六九年）。

⑫殤：未成年而死名之殤。

⑬鬻（ㄩˋ）技：此處指以武藝謀生。

⑭銘章：刻寫在器物上的文辭。多指墓誌銘。

【今譯】

我的弟弟晦木，曾與他一起去見錢謙益先生，先生也覺得他很奇特。當他貧困潦倒無以為生時，卻不以為苦，而以能見到錢老、同我們兄弟交往而沾沾自喜，他喜愛結交到了這樣的地步。

我曾與征南一起去天童寺，有個叫山焰的和尚很有力氣，四五個人都不能抓住他的手。但他稍稍靠近王征南，就負痛跌倒。征南說：「現在的人認為內家沒有什麼可以炫耀，於是將外家功夫攙入裡面，這個學問很快就要衰敗了。」因而同意述說內家的源流。

倏忽又過了九年，征南因為兒子夭亡悲痛而死。高辰四把征南的一生寫了出來，要求我寫墓誌。我於是寫了這篇墓誌，這哪裡是他許諾時能想到的呢？征南生於丁巳年三月五日，死於己酉年二月九日，享年五十三。妻子孫氏，有兩個兒子：夢得，前一個月夭折；次子，祖德。以某月某日葬於同罍之南。

墓誌銘為：有這樣的技藝，卻不施展出來。終生不以武藝謀生，志氣讓人悲憫。一旦水淺山老，孤墳難保。看了這段銘文，就幾乎可以考證了。

手戰之道

王征南先生傳

黃百家①

王征南先生傳

征南先生有絕技二曰拳曰射然穿楊貫戟善射者古多有之而惟拳則先生爲最蓋自外家至少林其術精矣張三峰既精於少林復從而飜之是名內家得其一二者已足勝少林先生從學於單思南而獨得其全余少不習科舉業喜事甚聞先生名因裹糧至寶幢學焉先生亦自絕憐其技授受甚難其人亦樂得余而傳之有五不可傳心險者好鬬者狂酒者輕露者骨柔質鈍者居室欹窄習余於其旁之鐵佛寺其拳法有應敵打法色名若干長拳滾斫分心十字攞肘逼門迎風鐵扇棄物投先推肘捕陰彎心杵肋舜子投井剪腕點節紅霞貫日烏雲掩月猿猴獻果綰肘裹靠仙人照掌彎弓大步兌換抱月左右揚鞭鐵門閂柳穿魚滿肚疼連枝箭一提金雙架筆金剛跌雙推窓順牽羊亂抽麻燕擡腮虎抱頭四把腰等穴法若干死穴啞穴暈穴咳穴膀胱蝦蟆猿跳曲池鎖喉解頤合谷內關三里等穴所禁犯病法若干懶散遲緩歪斜寒肩老步腆胸直立軟腿脫肘戳拳扭臀曲腰開門捉影雙手齊出而其要則在乎鍊鍊既成熟不必顧盼擬合信手而應縱橫前後悉逢肯綮其鍊法有鍊手者三十五斫削科磕靠擄逼抹芟敲搖擺撒鐮攪兜搭剪分挑綰衝鉤勒耀兌換括起倒壓發插削釣鍊步者十八墊步後躓步碾步冲步撒步曲步踹步斂步坐馬步釣馬步連枝步仙人步分身步翻身步追步逼步斜步絞花步而總攝於六路與十段錦之中各有歌訣其六路曰佑神通臂最爲高斗門深鎖轉英豪仙人立起朝天勢撒出抱月不相饒揚鞭左右人難及煞鎚衝擄兩翅搖其十段錦曰立起坐山虎勢迴身急步三追架起雙刀斂步滾斫進退三迴分身十字急三追架刀斫歸營寨紐拳碾步勢如初滾斫退歸原路入步韜隨前進滾斫歸初飛步金雞獨立緊攀弓坐馬四平兩顧顧其詞皆隱略難記余因各爲詮釋之以備遺忘詮六路曰斗門左膊垂下拳衝上當前右手平屈向外兩拳相對當斗門以右足踝前斜靠左足踝後名連枝步右手以雙指從左拳鈎進復鈎出名亂抽麻右足亦隨右手向左足前鈎進復鈎出作小蹋步還連枝○通臂長拳也右手先陰出長拳左手伏乳左手從右拳下亦出長拳右手伏乳其四長拳足連枝隨長拳撒搖擺左右凡長拳要對直手背向內向外者即病法中徹拳○仙人朝天勢將左手長拳往右耳後向左前斫下伏乳左足搖左右手往左耳後向右前斫下鈎起鬬左拳背掬右拳正當鼻前以朝天勢右足跟對進當前橫向外靠左足尖如丁字樣是爲仙人步凡步俱蹲趁直立者病法所禁○抱月右足向右至後大撒步左足隨轉右作坐馬步兩拳平陰相對爲抱月復搖前手還斗門還連被仍四長拳斂左右拳皴又當胸陽面右外左內兩膊夾勝○揚鞭足搖轉向後右足在前左足在後右足即前進追步右手陽發陰膊直肘平屈橫前如角尺樣左手扯後伏脅一斂步轉向左手亦陽發陰左足進同上○煞鎚左手平陰屈橫右手向後兜至左掌右足隨右手齊進至左足後○衝擄右手向後翻身直斫右足隨轉向後左足揭起左拳衝下着左膝上爲釣馬步此專破少林攘地挖金磚等法者右手擄左膊左手即從右手內豎起左足上前逼步右足隨進後仍還連枝兩手仍還斗門○兩翅搖擺兩足搓右作坐馬步兩拳平陰着胸先將右手掠開平直如翅復收至胸左手亦然○詮十段錦曰坐山虎勢起斗門連枝足搓向右作坐馬兩拳平陰着胸○急步三追右手撒開轉身左手出長拳同六路但六路用連枝步至搓轉方右足在前仍爲連枝步而此用進退斂步循環三進○雙刀斂步左膊垂下拳直豎當前右手平屈向外又左手內兩足際斂步○滾斫進退三迴將前手抹下後手斫進如是者三進三退凡斫法上圓中直下仍剛如鉞斧樣○分身十字兩手仍着胸以左手撒開左足隨左手出右手出長拳循環三拳右手仍着胸以右手撒開左足轉面左手出長拳亦循環三拳○架刀斫歸營寨右手復又左手內斫法同前滾斫法但轉面只三斫用右手轉身○紐拳碾步拳下垂左手略出右手下出上進俱陰面左足隨左手右足隨右手搓挪不轉面兩紐○滾斫退歸原路左手翻身三斫退步○韜進連進左手平着胸略撒開平直右手復拳兜上至左手腕中止左足隨左手入斂步翻身右手亦平着胸同上○滾斫歸初飛步右手斫後右足搓挪○金雞立緊攀弓右手復斫右足搓轉左拳自上捶下左足釣馬進半步右足隨還連枝即六路拳衝釣馬步○坐馬四平兩顧即六路兩翅搖擺還斗門轉坐馬搖擺六路與十段錦多相同處大約六路練骨使之能緊十段錦緊後又使之放開先生見之笑曰余以終身之習往往猶費追憶子一何簡捷若是乎雖然子藝自此不精矣余既習其拳射則以無其器而僅傳其法其射法一曰利器調弓審矢弓必視乎己力之強弱矢又視乎弓力之重輕寧手強於弓毋弓強於手如手有四力五力寧挽三力四力之弓古者以石量弓今以力一個力重九斤四兩三力四力之弓箭長十把重四錢五分五六力之弓箭長九把半重五錢五分大約射的者弓貴寬箭貴輕禦敵者弓寧寬箭寧重二曰審鵠鵠有遠近欲定鏃之所至則以前手高下準之箭不知所落處是名野矢欲知落處則以前手之高下分遠近如把子八十步前手與肩對一百步則與眼對一百三四十步則與眉對最遠一百七八十步則與帽頂相對矣三曰正體槩身有身法手有手法足有足法眼有眼法射雖在手實本於身忌腆胸偃背須亦如拳法蹲趁連枝步則身不動臂不顯

（肩肘腰腿力聚於一處手法務要平直必左拳與左肩及右肩右胯節節相對如引繩發箭時左手不知巧力盡用之右手左足尖右足跟與上肩手相應眼不可單看把子盡眼在把子則手與把子反不相對矣只立定時將左足尖恰對垛心身體既正則手足自相應引滿特以右眼觀左手無不中矣）然此雖精詳纖悉得專家之秘授者猶或聞之而惟是先生之所注意獨喜自負迥絕乎凡技之上者於拳則有盤斫（拳家惟斫最重斫有四種滾斫柳葉斫十字斫雷公斫而先生另有盤斫則能以斫破斫）於射則於斗室之中張弦白矢出而注鏃百發無失（卷席作槊以凳仰置桌上將席閣之使極平正以矢鏃對席心離一尺滿彀正體射之矢著席看其矢鏃偏向或左或右即時救正之上下亦然必使其矢從席鑽無聲而過則出而射鏃但以左足尖對之信手而發自然無失）此則先生熟久智生劃焉心開而獨刱者也方余之習拳於鐵佛寺也琉璃惏澹土木猙獰余與先生演肄之餘濁酒數杯團圞繞步候山月之方升聽溪流之嗚咽先生談古道今意氣慷慨因爲余兼及槍刀劍鉞之法曰拳成外此不難矣某某處即槍法也某某處即劍鉞法也以至卒伍之步伐陣壘之規模莫不淋漓傾倒曰我無傳人我將盡授之子矣余時鼻端出火興致方騰慕睢陽伯紀之爲人謂天下事必非齷齪拘儒之所任必其能上馬殺敵下馬擒王始不負七尺於世顧箭術雖授未嘗習其支左屈右之形因與先生約將於明年正月具是器而卒業焉然當是時西南既靖東南亦平四海晏如此眞挽強二石不若一丁之時家大人見余跅弛放縱恐遂流爲年少狹邪之徒將使學爲科舉之文而余見家勢飄零當此之時技卽成而何所用亦遂自悔其所爲因降心抑志一意夫經生業擔簦負笈問途於陳子夔獻陳子介肩范子國雯萬子季野張子心友等而諸君子適俱亦在甬東先生入城時嘗過余齋談及武藝事猶爲余諄諄愷切曰拳不在多惟在熟練之純熟卽六路亦用之不窮其中分陰陽止十八法而變出卽有四十九又曰拳如絞花槌左右中前後皆到不可止顧一面又曰拳亦由博而歸約由七十二跌（卽長拳滾斫分心十字等打法名色）三十五拿（卽斫劉科礚靠等）以至十八（卽六路中十八法）由十八而十二（倒捵揸挪滾脫牽縮躧坐摑拿）由十二而總歸之存心之五字（敬緊徑勁切）故精于拳者所記止有數字余時注意舉業雖勉強聽受非復昔時之興會而先生亦且貧病交纏心枯容悴而憊矣今先生之歿止七年干戈滿地鋒鏑縱橫吾鄉盜賊亦相蟻合流離載道白骨蔽野此時得一桑懌足以除之而二三士子猶伊吾于城門晝閉之中當事者命一二守壆相助等題以爲平盜之政士子摭拾一二兵農合一之語以爲經濟之才龍門子秦士錄曰使猊在必當有以自見言念先生竟空槁三尺蒿下寧不惜哉嗟乎先生不可作矣念當日得竟先生之學卽豈敢謂遂有關于匡王定霸之畧然而一障一堡或如范長生樊雅等護保黨閭自衛諒庶幾焉亦何至播徙海濱擔簦四顧望塵起而無遯所如今日乎則昔以從學于先生而悔者今又不覺甚悔夫前之悔矣先生之家世本末　家大人已爲之誌小子不敢復贅獨是先生之術所授者惟余〻既負先生之知則此術已爲廣陵散矣余寧忍哉故特備著其委屑庶後有好事者或可因是而得之也雖然木牛流馬諸葛書中之尺寸詳矣三千年以來能復用之者誰乎

征南先生有絕技二：曰拳，曰射。然穿楊貫戟②，善射者古多有之，而惟拳則先生為最。蓋自外家至少林，其術精矣。張三峰既精於少林，復從而翻之，是名內家。得其一二者，已足勝少林。

先生從學於單思南，而獨得其全。余少不習科舉業，喜事甚，聞先生名，因裹糧③至寶幢④學焉。先生亦自絕憐其技，授受甚難其人，亦樂得餘而傳之⑤【有五不可傳：心險者，好鬥者，狂酒者，輕露者，骨柔質鈍者】。居室欹窄⑥，習余於其旁之鐵佛寺。

【注釋】

①黃百家（一六四三—一七〇九年）：字主一，原名百學，號不失，又號耒史，別號黃竹農家，黃宗羲季子。幼承庭訓，博覽群籍，研習天文、曆法、數學。清康熙十九年（一六八〇年），明史館聘黃宗羲赴京與修，以年老辭，總裁遂延請百家及萬斯同赴京入館，以所學撰《天文志》《曆志》數種。

《王征南先生傳》一文，作於康熙十五年（一六七六年）。

②穿楊貫戟：穿楊，形容射術高超。《史記・周本紀》：「楚有養由基者，善射者也，去柳葉百步而射之，百發而百中之。」貫，精通、熟練之謂。戟，古代五兵之一，此處指稱武藝。貫戟，意指精通武藝。

又有「穿楊貫虱」一詞，以形容射法高超。然此處講拳術與射法二事，故「穿楊貫戟」分別指射法與拳術，這也就與「善射者古多有之，而惟拳則先生為最」一語相契合，而不應看作「穿楊貫虱」之訛誤。

③裹糧：為「裹餱糧」之省稱，謂攜帶熟食乾糧，以備遠行。語出《詩・大雅・公劉》：「乃裹餱糧，於橐於囊。」

④寶幢：佛教用語，本義為「裝飾著寶物的旗幟」。此處為地名用語，位於鄞縣（今鄞州區）東部阿育王寺旁，附近又有「瓔珞」地名。阿育王寺造於晉代，相傳寺成之日，東邊瓔珞連綿、西面寶幡幢幢，因此時人就把阿育王寺

東西兩地分別命名為「瓔珞」「寶幢」。

⑤先生亦自絕憐其技……傳之：絕憐，極其喜愛、珍惜之意。「先生自絕憐其技……傳之」句，是說：征南非常珍惜自己的武技，不肯輕易傳授他人，不過很樂意傳授於我。

⑥居室敧窄：敧（ㄑㄧ），通「攲」，傾側不平之謂。居室攲窄，是說住的房子又歪又小。

【今譯】

征南先生有兩項絕技，一為拳術，一為射術。對於射術與武藝，精通射術者古代很多，而拳術則只有先生最好。從外家拳到少林拳，拳術已經很精湛了。張三峰在精通少林拳之後，又對它加以改造創編，稱為內家拳。能夠學得很少一些，就足以勝過少林拳。

先生跟隨單思南學習，且只有他精通全部拳術。我小時候不學科舉那一套，喜歡多事，聽到先生的名聲，便帶上錢糧專程去寶幢向王先生學拳。先生也非常珍惜自己的武技，不肯輕易傳授他人，不過很樂意傳授於我【有五種人不能傳授：心險的人，好鬥的人，酗酒的人，輕露的人，骨柔質鈍的人】。他的住室歪斜而狹窄，便在旁邊的鐵佛寺中教我。

其拳法，有應敵打法色名①若干【長拳、滾斫、分心十字、擺肘逼門、迎風鐵扇、棄物投先、推肘捕陰、彎心杵肋、舜子投井、剪腕點節、紅霞貫日、烏雲掩月、猿猴獻果、綰肘裹靠、仙人照掌、彎弓大步、兌換抱月、左右揚鞭、鐵門閂、柳穿魚、滿肚疼、連枝箭、一提金、雙架筆、金剛跌、雙推窗、順牽羊、亂抽麻、燕抬腮、虎抱頭、四把腰等】②，穴法若干【死穴、啞穴、暈穴、咳穴、膀胱、蝦蟆、猿跳③、曲池、鎖喉、解頤、合谷、內關、三里等穴】④，所禁犯病法若干【懶散、遲緩、歪斜、寒肩、老步、腆胸、直立、軟腿、脫肘、戳拳、扭臀、曲腰、開門捉影、雙手齊出】⑤。

而其要則在乎鍊⑥，鍊既成熟，不必顧盼擬合⑦，信手而應⑧，縱橫前後，悉逢肯綮⑨。

其鍊法有：鍊手者三十五【斫、削、科、磕、靠、擄、逼、抹、芟、敲、搖、擺、撒、鐮、攛、兜、搭、剪、分、挑、綰、衝、鉤、勒、躍、兌、換、括、起、倒、壓、發、插、削、釣】⑩，鍊步者十八【趦⑪步、後趦步、碾步、沖步、撒步、曲步、蹋步、斂步、坐馬步、釣馬步、連枝步、仙人步、分身步、翻身步、追步、逼步、斜步、絞花步】。而總攝於六路與十段錦之中，各有歌訣。【其六路曰：佑神通臂最為高，斗門深鎖轉英豪，仙人立起朝天勢，撒出抱月不相饒，揚鞭左右人難及，煞錘衝擄兩翅搖。其十段錦曰：立起坐山虎勢，迴身急步三追，架起雙刀斂步，滾斫進退三迴，分身十字⑫既急三追，架刀斫歸營寨，紐拳碾步勢如初，滾斫退歸原路，入步韜隨前進，滾斫歸初飛步，金雞獨立緊攀弓，坐馬四平兩顧⑬。】

【注釋】

①色名：即名色。名目、名稱之謂。

②長拳……四把腰等：此三十一勢應敵打法，部分可見於明代民間日用類書之「武備門」部分的「臨危解法」。

③猿跳：應為「環跳」，或為刊刻之誤。

④死穴……三里等穴：沈一貫《搏者張松溪傳》、黃宗羲《王征南墓誌銘》謂穴法有三，即「死穴、啞穴、暈穴」，黃百家又多出十種。

按：唐豪嘗考其穴（見《內家拳·內家拳穴法的研究》，上海：中華武術學會，一九三五年），謂：「百家《內家拳法》中的合谷、內關、三里、曲池等酸痛諸穴，圖經（即宋人王惟一《銅人腧穴針灸圖經》）中雖有其名，而實異用。唯天突一穴，按之咳嗽，可當百家所云咳穴。然合谷、內關、三里、曲池諸穴，須捉臂點按，遇肌肉堅實，指力欠勁者不應。天突亦須捉頸從容為之，小炫技巧以駭庸俗則可，遊動鬥毆以制敵人則難。又銅人圖中，只有膀胱俞而無膀胱穴名，膀胱在肚臍下盆骨內，受傷足以致命，應入死穴。環跳一穴，因臀部肌肉豐厚，受搏無甚酸痛，不應列入拳家穴法之內。解頤、鎖喉，皆拳中打法解數，並非穴名。解頤者，搏人頤部脫臼之法；鎖喉者，搏人喉部閉氣之法。一可致腦部震盪而暈倒，為暈穴之一；一可致喉管損短而死亡，為死穴之一。蝦蟆穴待考。」

⑤小懶散……雙手齊出：以上十四種禁犯病法，黃百家在後文「六路」詮釋中特別指出兩種：其一為直立，其云：「凡步俱蹲烾，直立者病法所禁」；其二為戳拳，其云：「凡長拳要對直手背，向內向外者，即病法中戳拳」。

⑥鍊：同「煉」，後同。下苦功以求其精之意。

⑦顧盼擬合：顧盼，因「盻」與「盼」形相近，又「盻」亦有「盼」之讀音，故今人文本多作「盼」；顧盼，即環視、左顧右盼之意；「顧盻擬合」即指練拳之時，左顧右盼看其是否中正合和。

⑧信手而應：信手拈來，用起來得心應手之謂。

⑨肯綮：筋骨結合的地方，比喻要害或重要的關鍵。典出《莊子・養生主》：「技經肯綮之未嘗，而況大軱乎？」陸德明釋文：「肯，著骨肉。綮，猶結處也。」

⑩⿰扌囂：此字查無出處，臺灣「教育部異體字字典」（網路檢索）亦不見收錄，今人多作「囂」。

「練手者三十五」中，「削」凡兩見，重複。有人釋一為「ㄒㄩㄝ」，一為「ㄒㄧㄠ」，不知何據。後文又云「三十五拿：即斫、刪、科、磕、靠等」，可知所謂「練手者三十五」即「三十五拿」，然前文「削」凡兩見，而無「刪」，後文有「刪」，或前文之「削」，有一為「刪」之誤。

⑪⿱拓瓦：查無出處，今人多作「瓦」「馳」等。

⑫分身十字：「打法色名」作「分心十字」，文後亦同。按黃百家對「十段錦」之「分身十字」的詮釋，「分心」或為「分身」之誤。

⑬其六路曰……四平兩顧：前文所述「應敵打法」中，在六路中可見者，

僅長拳、抱月、亂抽麻、揚鞭等四法；十段錦所見者，唯滾斫與分身十字二法。

【今譯】

內家拳法，有對付對手的打法名稱若干【長拳、滾斫、分心十字、擺肘逼門、迎風鐵扇、棄物投先、推肘捕陰、彎心杵肋、舜子投井、剪腕點節、紅霞貫日、烏雲掩月、猿猴獻果、綰肘裹靠、仙人照掌、彎弓大步、兌換抱月、左右揚鞭、鐵門閂、柳穿魚、滿肚疼、連枝箭、一提金、雙架筆、金剛跌、雙推窗、順牽羊、亂抽麻、燕抬腮、虎抱頭、四把腰等】，穴法若干【死穴、啞穴、暈穴、咳穴、膀胱、蝦蟆、環跳、曲池、鎖喉、解頤、合谷、內關、三里等穴】，禁止觸犯的病法若干【懶散、遲緩、歪斜、寒肩、老步、腆胸、直立、軟腿、脫肘、戳拳、扭臀、曲腰、開門捉影、雙手齊出】。

而這些拳法的關鍵在於練習，練習熟練以後，不必左顧右盼考慮是否中正和合，就能得心應手，前後縱橫，都能擊到對手的要害。

內家拳的練法有：手法練習有三十五【斫、削、科、磕、靠、擄、逼、抹、芟、敲、搖、擺、撒、鐮、攪、兜、搭、剪、分、挑、綰、衝、鈎、勒、躍、兌、換、括、起、倒、壓、發、插、削、鈎】，步法練習有十八【墊步、後墊步、碾步、沖步、撒步、曲步、蹋步、斂步、坐馬步、鈎馬步、連枝步、仙人步、分身步、翻身步、追步、逼步、斜步、絞花步】。這些都歸於六路和十段錦當中，分別有歌訣。【六路歌訣為：佑神通臂最為高，斗門深鎖轉英豪，仙人立起朝天勢，撒出抱月不相饒，揚鞭左右人難及，煞錘衝擄兩翅搖。十段錦歌訣為：立起坐山虎勢，回身急步三追，架起雙刀斂步，滾斫進退三回，分身十字既急三追，架刀斫歸營寨，紐拳碾步勢如初，滾斫退歸原路，入步韜隨前進，滾斫歸初飛步，金雞獨立緊攀弓，坐馬四平兩顧。】

顧其詞皆隱略難記，余因各為詮釋之，以備遺忘①。

詮六路曰：

斗門：左膊垂下，拳衝上當前，右手平屈向外，兩拳相對為斗門。以右足踝前斜，靠左足踝後，名連枝步。右手以雙指從左拳鈎進復鈎出，名亂抽麻。右足亦隨右手向左足前鈎進復鈎出，作小踢步還連枝。

通臂：長拳也。右手先陰出長拳，左手伏乳。左手從右拳下亦出長拳，右手伏乳，共四長拳。足連枝隨長拳，微搓挪左右。凡長拳要對直手背，向內向外者，即病法中戳拳。

仙人朝天勢：將左手長拳，往右耳後向左前斫下，伏乳，左足搓左，右手往左耳後向右前斫下，鈎起闇②左拳背，拗右拳正當鼻前，似朝天勢。右足跟劃進當前，橫向外，靠左足尖，如丁字樣，是為仙人步。凡步俱蹲矬③，直立者病法所禁。

抱月：右足向右至後大撤步，左足隨轉右，作坐馬步，兩拳平陰相對為抱月。復搓前手還斗門，足還連枝，仍四長拳。斂左右拳緊叉當胸，陽面，右外左內，兩脖④夾脅。

揚鞭：足搓轉向後，右足在前，左足在後，右足即前進追步，右手陽發陰，膊直，肘平屈，橫前如角尺樣。左手扯後伏脅，一斂轉面，左手亦陽發陰，左足進，同上。

煞錘：左手平陰屈橫，右手向後兜至左掌，右足隨右手齊進至左足後。

衝擄：右手向後翻身直斫，右足隨轉向後，左足揭起，左拳衝下著左膝上，為釣馬步。此專破少林摟地挖金磚等法者。右手擄左，左手即從右手內豎起，左足上前逼步，右足隨進後仍還連枝，兩手仍還斗門。

兩翅搖擺⑤：兩足搓右作坐馬步，兩拳平陰著胸，先將右手掠開，平直如翅，復收至胸，左手亦然。

詮十段錦曰：

坐山虎勢：起斗門，連枝足搓向右，作坐馬，兩拳平陰著胸。

急步三追：右手撒開轉身，左手出長拳，同六路。但六路用連枝步，至搓轉方右足在前，仍為連枝步；而此用進退斂步，循環三進。

雙刀斂步：左膊垂下，拳直豎當前，右手平屈向外，叉左手內，兩足緊斂步。

滾斫進退三迴：將前手抹下，後手斫進，如是者三進三退。凡斫法上圓、中直、下仍圓，如鉞斧樣。

分身十字⑥：兩手仍著胸，以左手撒開，左足隨左手出，右手出長拳，循環三拳；右手仍著胸，以右手撒開，左足轉面，左手出長拳，亦循環三拳。

架刀斫歸營寨：右手復叉左手內，斫法同前滾斫法，但轉面只三斫，用右手轉身。

扭拳碾步：拳下垂，左手略出，右手下出上進，俱陰面；左足隨左手，右足隨右手，搓挪不轉面，兩紐。

滾斫退歸原路：左手翻身三斫，退步。

韜搥連進：左手平著胸，略撒開，平直；右手覆拳兜上，至左手腕中止；

左足隨左手入，歛步翻身，右手亦平著胸，同上。

滾斫歸初飛步：右手斫後，右足搓挪。

金雞立緊攀弓：右手復斫，右足搓轉，左拳自上插下，左足鈎馬進半步，右足隨還連枝，即六路拳衝鈎馬步。

坐馬四平兩顧：即六路兩翅搖擺。還斗門，轉坐馬搖擺。

六路與十段錦多相同處，大約六路鍊骨，使之能緊，十段錦緊後又使之放開。

先生見之笑曰：余以終身之習，往往猶費追憶，子一何簡捷若是乎？雖然，子藝自此不精矣。

【注釋】

①黃百家詮釋六路與十段錦，底本為小字，鑒其字數較多，故不再用「【】」標識。

②閣：通「擱」，放置、擱置之謂。

③矬：將身子蜷縮起來。蹲矬，即蹲下身體之謂。

④䏲（ㄓㄥ）：《康熙字典》「未集下．肉部」云：「《集韻》《類篇》從甾莖切，音爭。足跟筋也。」又今人作「睜」，不確。按文義，「兩夾脅」應為兩肘關節夾住脅部，所以「䏲」應為「肘」之誤。

⑤兩翅搖擺：即「六路」之「兩翅搖」。唐豪《內家拳》一書之「內家拳的練法」中，將「兩翅搖擺」誤入「衝擄」一法，不確。（見：唐豪《內家拳》，上海：中華武術學會，一九三五年）

⑥分身十字：詳見前文「注釋」。

【今譯】

不過那些歌訣隱晦簡略，不便於記憶，因此一一為其詮釋，以備遺忘。

「六路」的詮釋：

斗門：左臂下垂，拳衝上當前，右手平屈向外，兩拳相對為斗門。以右腳踝前斜，靠左腳踝後，叫連枝步。右手以雙指從左拳鈎進復鈎出，叫亂抽麻。右腳也隨右手向左腳前鈎進復鈎出，作小蹋步還連枝。

通臂：也叫長拳。右手先陰手出長拳，左手伏乳。左手從右拳下也出長拳，右手伏乳，共做四遍長拳。足連枝隨長拳，稍微向左右搓挪。凡長拳要對直手背，向內向外者，即病法中戳拳。

仙人朝天勢：將左手長拳，往右耳後向左前斫下，伏乳，左腳搓左，右手往左耳後向右前斫下，鈎起擱左拳背，拗右拳正當鼻前，像朝天勢。右腳跟劃進當前，横向外，靠左腳尖，如丁字樣，叫仙人步。凡步型都要蹲下身體，直立者為錯誤。

抱月：右腳向右至後大撤步，左腳隨即轉向右，作坐馬步，兩拳平陰相對為抱月。復搓前手還斗門，腳還連枝步，仍做四次長拳。左右拳收回緊叉當胸，陽手，右外左內，兩肘夾住脅部。

揚鞭：腳向後搓轉，右腳在前，左腳在後，右腳即前進追步，右手陽手變陰手，直臂屈肘，橫與胸前像角尺一樣。左手扯後伏脅，一斂轉面，左手亦陽手變陰手，左腳進，同上。

煞錘：左手平陰屈橫，右手向後兜至左掌，右腳隨右手齊進至左腳後。

衝擄：右手向後翻身直斫，右腳隨轉向後，左腳揭起，左拳衝下置左膝上，叫釣馬步。這一路專門破「少林摟地挖金磚」等技法。右手擄左肘，左手即從右手內豎起，左腳上前逼步，右腳隨進後仍作連枝步，兩手仍還斗門。

兩翅搖擺：兩腳向右搓，作坐馬步，兩拳平陰著胸，先將右手掠開，平之如翅，復收至胸，左手亦然。

「十段錦」的詮釋：

坐山虎勢：起斗門，連枝步腳搓向右，作坐馬，兩拳平陰著胸。

急步三追：右手撒開轉身，左手出長拳，同六路一樣。但六路用連枝步，搓轉後右腳方在前，仍為連枝步；而此用進退斂步，循環三進。

雙刀斂步：左臂下垂，拳直豎當前，右手平屈向外，叉在左手內，兩腳緊斂步。

滾斫進退三迴：將前手抹下，後手斫進，這樣三進三退。凡斫法上圓、中直、下仍圓，像鉞斧一樣。

分身十字：兩手仍著胸，以左手撒開，左足隨左手出，右手出長拳，循環三拳；右手仍著胸，以右手撒開，左足轉面，左手出長拳，亦循環三拳。

架刀斫歸營寨：右手復叉左手內，斫法同前滾斫法，但轉面只三斫，用右手轉身。

扭拳碾步：拳下垂，左手略出，右手下出上進，俱陰面；左腳隨左手，右腳隨右手，搓挪不轉面，兩扭。

滾斫退歸原路：左手翻身三斫，退步。

韜搥連進：左手平著胸，略撒開，平直；右手覆拳兜上，至左手腕中止；左腳隨左手入，斂步翻身，右手亦平著胸，同上。

滾斫歸初飛步：右手斫後，右腳搓挪。

金雞獨立緊攀弓：右手復斫，右腳搓轉，左拳從上插下，左腳釣馬步進半步，右腳跟隨作連枝步，即六路拳衝釣馬步。

坐馬四平兩顧：即六路兩翅搖擺。還斗門，轉坐馬搖擺。

六路與十段錦有許多相同的地方，大概六路練習筋骨，使之能緊，十段錦緊後又使之放開。

先生看見之後，笑著說：「我練一輩子了，往往還記不起，你怎麼這樣簡單迅捷便記下了呢？雖然如此，你的拳術從此不會精進了！」

余既習其拳，射則以無其器，而僅傳其法。其射法①：

一曰利器②。調弓審矢，弓必視乎己力之強弱，矢又視乎弓力之重輕③。

【寧手強於弓，毋弓強於手。如手有四力五力，寧挽三力四力之弓。古者以石④量弓，今以力，一個力重九斤四兩。三力四力之弓，箭長十把⑤，重四錢五

分；五六力之弓，箭長九把半，重五錢五分。大約射的⑥者，弓貴窄，箭貴輕；禦敵者，弓寧寬，箭寧重。】

二曰審鵠⑦。鵠有遠近，欲定鏃之所至，則以前手高下準之。【箭不知所落處，是名野矢。欲知落處，則以前手之高下分遠近。如把子⑧八十步，前手與肩對；一百步則與眼對；一百三四十步，則與眉對；最遠一百七八十步，則與帽頂相對矣。】

三曰正體。蓋身有身法，手有手法，足有足法，眼有眼法。【射雖在手，實本於身。忌腆胸傴背，須亦如拳法：蹲矬連枝步，則身不動，臂不顯，肩、肘、腰、腿力萃於一處。手法務要平直，必左拳與左膞、左肩及右肩、右膞，節節相對。如引繩發箭時，左手不知，巧力盡用之右手。左足尖、右足跟與上肩、手相應。眼不可單看把子，蓋眼在把子，則手與把子反不相對矣。只立定時，將左足尖恰對垛心，身體既正，則手足自相應。引滿時以右眼覷左手，無不中矣！】

然此雖精詳纖悉⑨，得專家之秘授者，猶或聞之。而惟是先生之所注意獨喜自負，迥絕乎凡技之上者，於拳則有盤斫【拳家惟斫最重，斫有四種：滾斫，柳葉斫，十字斫，雷公斫。而先生另有盤斫，則能以斫破斫】；於射則於斗室⑩之中張弦，白矢⑪出而注鍭⑫，百發無失【卷席作垛，以凳仰置桌上，將席閣之，使極平正。以矢鏃對席心，離一尺，滿彀正體射之。矢著席，看其矢鏃偏向，或左或右，即時救正之，上下亦然。必使其矢從席罅無聲而過，則出而射。鍭但以左足尖對之，信手而發，自然無失】⑬。此則先生熟久智生，劃焉心開⑭而獨創者也。

【注釋】

① 其射法：黃百家所記王征南射法，被清人張潮芟其首尾，名為《征南射法》，《清史稿・藝文志》子部兵家類、唐豪《中國武藝圖籍考》著錄，《檀几叢書》《古今說部叢書》、唐豪《清代射藝叢書》收錄全文。

②利器：器，指弓矢。「利器」，即「工欲善其事，必先利其器」之謂。

③調弓審矢……之重輕：此句是說，弓須根據自己手力的大小來挑選，箭也要根據弓力的大小來選擇輕重。

④石（ㄉㄢˋ）：依康熙年間御制《律呂正義》載，一石為四鈞，一鈞為三十斤，一斤為十六兩，一兩為十錢。

⑤把：沒有具體的限定，大約為一個拳頭的寬度，約十公分。又李呈芬《射經》云：「故三力之弓，用箭則長十拳。所謂「一拳」，名曰「一把」。」

⑥的：指箭靶的中心，如衆矢之的。射的，指用箭射靶。

⑦審鵠（ㄏㄨˊ）：鵠，指箭靶的中心，亦即「注釋⑥」之「的」。審鵠，此為射事的目標所在。

⑧把子：同「靶子」，指箭靶。

⑨纖悉：細微詳盡之意。

⑩斗室：形容狹小的房間。

⑪白矢：古代射禮的五種箭法之一，謂箭射穿箭靶而露出其鏃。《周禮·地官·保氏》「三日五射」，漢鄭玄注：「五射：白矢、參連、剡注、襄尺、井儀也。」

⑫鍭（ㄏㄡˊ）：同「鏃」，即箭頭。

⑬卷席作垜……自然無失：斗室習射之法是因「熟久智生，劃焉心開而獨創者也。」馬明達先生言，此法「顯然這是民間箭師們的一種經驗性的訓練方法，未見於各家射書。《征南射法》曾傳到日本，被荻生徂徠收入《射書類聚國字解》一書中。卷席為垜之法對日本射手產生了影響，至今日本弓道猶保存這一練習方法。」（見馬明達《中國古代射書考》）

⑭劃焉心開：劃焉，即豁然之謂。心開，即心靈開悟。

【今譯】

我已經學習了內家拳法，而射箭因為沒有弓箭，因此僅傳授了射的方法。射法為：

一為精良的弓箭。張弓搭箭，弓鬚根據自己手力的大小來挑選，箭也要根據弓力的大小來選擇輕重。【寧肯手力量大於弓力，而不能弓力強於手力。如果手有四五個力，則寧肯拉三四力的弓。古代測量弓用石，如今用力，一個力重九斤四兩。三四個力的弓，所用箭的長度約為十把，重四錢五分；五六個力的弓，箭的長度約為九把半，重五錢五分。總的來說，要射中箭靶，弓窄箭輕則更好；而防禦敵人的時候，則要弓寬箭重。】

二為審視靶心。靶心的距離有遠有近，想要控制箭矢的落點，則以調整前手的高低為準。【不知道箭矢將落於何處叫作野箭，想知道箭的落點，則用前手的高低來區分。如果距離靶子八十步，則前手與肩相對；一百步則與眼睛相對；一百三四十步，則與眉毛相對；最遠一百七八十步，則與帽子頂部相

對。】

三為端正姿勢。身、手、足、眼，各有法度。【雖然射箭用手，而真正的基礎則在於身體的姿態。避免腆胸傴背，其方法如同拳法要求：蹲身做連枝步時，身體不動，臀部不顯露，肩、肘、腰、腿等部位的力量集中於一處。手法務必要平直，左拳、左肘、左肩、右肩、右肘等每個關節都要相對。如果拉弦準備發射時，左手（持弓手）不動，技巧與力量全在於右手的撒放。左足尖、右足跟與上肩、手相對應。眼睛不能只看靶子，若眼睛只看靶子，反而手與靶子無法對應。只有在站定的時候，將左足尖對準靶心，身體既已端正，則手足也自然相應。拉滿弓的時候用右眼看左手，必能射中。】

雖然這些方法細微詳盡，但得到專家的私密傳授，猶有所聞。只有王征南先生所珍視且遠超於所有的技藝者，在拳則有盤斫【練拳的人最看重斫，斫有四種：滾斫，柳葉斫，十字斫，雷公斫。而先生另外創編有盤斫，盤斫能破其他一切斫法】；而射則在狹小的房間內，彎弓射箭，箭尖透靶，百發百中【卷張席子作為箭垛，把凳子仰放在桌上，將席擱凳子上，使其平正。箭尖正對席子中心，距離一尺，滿弓正體撒放。箭頭著席的時候，觀察箭尖的偏向，或左邊或右邊，及時糾正，上下也一樣。射時必須使箭從席縫間無聲穿過，然後去室外習射。箭頭只是以左足尖相對，隨手撒放，自然不會失手】。這是征南先生熟久智生、豁然開悟之後所獨創的方法。

方①余之習拳於鐵佛寺也，琉璃慘澹，土木猙獰②，余與先生演肄③之餘，濁酒數杯，團欒繞步④，候山月之方升，聽溪流之嗚咽。先生談古道今，意氣忼慨。因為余兼及槍、刀、劍、鉞之法，曰：「拳成外，此不難矣。某某處即槍法也，某某處即劍、鉞法也。」以至卒伍之步伐，陣壘之規模，莫不淋漓傾倒⑤。曰：「我無傳人，我將盡授之子矣。」

余時鼻端出火⑥，興致方騰，慕睢陽伯紀⑦之為人，謂天下事必非齷齪拘儒⑧所任，必其能上馬殺敵，下馬擒王，始不負七尺⑨於世。顧⑩箭術雖授，未嘗習其支左屈右之形⑪。因與先生約，將於明年正月具是器⑫，而卒業⑬焉。

【注釋】

①方：介詞，當的意思。

②琉璃慘澹，土木猙獰：琉璃，琉璃燈之指稱。「琉璃慘澹，土木猙獰」，是形容鐵佛寺雖已陳舊，但建築卻依舊莊嚴。

③演肄：即演習。

④團圞繞步：團圞（ㄌㄨㄢˊ），環繞貌。團圞繞步，即繞著圓圈散步。

⑤淋漓傾倒：謂痛快暢談。

⑥鼻端出火：同「鼻頭出火」。形容意氣風發，情緒激昂。如清人沈德潛評蘇軾《方山子傳》云：「寫少時豪俠，有鼻端出火之概。」

⑦睢陽伯紀：睢陽，今河南商丘。伯紀，即宋代抗金名將李綱（一〇八

三—一一四〇年），字伯紀，號梁溪先生，祖籍福建邵武，祖父代遷居江蘇無錫。宋徽宗政和二年（一一一二年）進士，歷官至太常少卿。宋欽宗時，授兵部侍郎、尚書右丞。靖康元年（一一二六年）金兵入侵汴京時，任京城四壁守御使，團結軍民，擊退金兵。但不久即被投降派所排斥。南宋建炎元年（一一二七年）五月，宋康王趙構在南京（今河南商丘南）即位，建立南宋王朝，是為高宗。宋高宗起用李綱為宰相，曾力圖革新內政，然而僅七十七天即遭罷免。黃百家言「睢陽伯紀」，或因李綱曾在商丘任南宋宰相。

⑧ 齷齪拘儒：指品行卑劣、目光短淺的儒生。

⑨ 七尺：借代指七尺男兒之謂。

⑩ 顧：表示輕微的轉折，相當於「不過」。

⑪ 支左屈右之形：因射箭時，左手持弓，右手屈曲控弦，所以云「支左屈右之形」。

⑫ 具是器：具，準備，置辦之意。是器，指弓箭。

⑬卒業：指完成未完成的事業或工作。

【今譯】

當我在鐵佛寺學拳的時候，寺廟雖已陳舊，但建築卻很莊嚴，每日跟先生習練休息的時候，飲幾杯濁酒，一邊繞著圈散步，等候山間月亮升起，耳聽溪流嗚咽，先生談論古今，意氣慷慨。有時順便跟我談及槍、刀、劍、鉞的使用方法，他說：「內家拳練成以後，這些就都不難了。某某處是槍法，某某處是劍、鉞法。」甚至隊伍的步伐、陣壘的規模，都痛快暢談，他說：「我沒有別的傳人，我將全部教給你。」

當時我血氣方剛，興致正濃，羡慕陽伯紀的為人，覺得天下大事絕不是那些目光短淺的儒生所能擔當的，一定要做個能上馬殺敵，下馬擒王的人，才不白活一生。雖然學了箭術的方法，但卻還沒有實戰的操作，所以與先生相約，明年正月的時候置辦弓箭，以便完成射箭的學習。

然當是時，西南既靖，東南亦平，四海晏如，此真挽強二石，不若一丁之時①。家大人②見余跅弛放縱③，恐遂流為年少狹邪之徒，將使學為科舉之文。而余見家勢飄零，當此之時，技即成而何所用，亦遂自悔其所為。因降心抑志，一意夫經生業，擔簦負笈④，問途於陳子夔獻、陳子介眉、范子國雯、萬子季野、張子心友等⑤，而諸君子適俱亦在甬東。

先生入城時，嘗過余齋，談及武藝事，猶為余諄諄愷切，曰：「拳不在多，惟在熟，鍊之純熟，即六路亦用之不窮。其中分陰陽，止十八法，而變出即有四十九。」又曰：「拳如絞花槌，左右中前後皆到，不可止顧一面。」又曰：「拳亦由博而歸約，由七十二跌【即長拳、滾斫、分心十字等打法名色】、三十五拿【即斫、刪、科、磕、靠等】、以至十八【即六路中十八法】，由十八而十二【倒、換、搓、挪、滾、脫、牽、綰、跪、坐、撾、拿】，由十二而總歸之存心之五字【敬、緊、徑、勁、切】⑥。故精於拳者，所記止有數字。」余時注意舉業，雖勉強聽受，非復昔時之興會⑦。而先生亦且貧病交纏，心枯容悴而憊⑧矣！

【注釋】

①挽強二石，不若一丁之時：挽強二石，指能開二百四十斤的弓。「挽強二石，不若一丁之時」，語出《舊唐書・張弘靖傳》：「今天下無事，汝輩挽得兩石力弓，不如識一丁字。」

②家大人：對他人稱自己的父親。

③跅弛放縱：跅（ㄊㄨㄛˋ）弛，放蕩不循規矩；放縱，放任而不受約束。

④擔簦負笈：簦（ㄉㄥ），古代有柄的笠；笈，書箱。擔簦負笈，是指背著書箱，扛著有柄的笠，奔走求學。語出南朝任昉的《求為劉瓛立館啟》：「有朋自遠，無用棲憑，皆負笈擔簦，櫛風沐露。」

⑤陳子夔獻……張子心友等：陳夔獻，即陳赤衷（一六二七—一六八七年），字夔獻，號環村。康熙六年（一六六七年），拜黃宗羲為師，返回甬上

後，與陳錫嘏、鄭梁等創辦甬講經會。是甬上講經會的主要發起者。康熙二十六年（一六八七年），在窮困中卒於京邸，年六十一歲，著有《環村集》等。黃宗羲有《陳夔獻墓誌銘》。

陳介眉，即陳錫嘏（一六三四——一六八七年），字介眉，號怡庭，鄞縣人。康熙十五年（一六七六年）進士，官至翰林院編修。曾纂《皇輿表》《鑒古輯覽》二書。

范國雯，生卒年不詳，名用賓，字國雯，又字汝華，鄞縣人。康熙十四年（一六七五年）諸生，與鄭禹梅、萬允宗、萬季野、萬貞一、董在中、陳赤衷等人，從學於黃宗羲，號為黃門高足。著有《制儀稿》，黃百家為之序。

萬季野，即萬斯同（一六四三——一七〇二年），字季野，號石園。鄞縣人。康熙十七年（一六七八年）舉博學鴻儒，力辭不就。萬斯同與其兄斯大共為黃宗羲弟子，其長尤在史學，著有《石園詩文集》八卷。生平事蹟見《清史列傳·儒林》本傳、《清史稿·文苑》本傳、黃百家《萬季野先生斯同墓誌銘》、全祖望《萬貞文先生傳》、錢大昕《萬先生傳》、劉坊《萬季野先生行狀》。

張心友（一六四〇—一六七六年），名士塤，字心友，別號學汀，鄞縣人。與陳赤衷、鄭禹梅等人侍黃宗羲講經會。康熙四年（一六六五年）進士，年二十五。康熙十五年（一六七六年）歿。

⑥敬、緊、徑、勁、切：此五字，沈一貫《搏者張松溪傳》作「勤、緊、徑、敬、切」，據沈文所述，張松溪五字訣中，「勤、緊、徑」為孫十三老所傳，「敬、切」為張松溪所創。

⑦興會：即興致，意趣。

⑧憊（ㄅㄟˋ）：衰竭，危殆之意。

【今譯】

在那個時候，西南已經安定，東南也很平靜，天下太平，這真是力挽二石強弓的武夫不如認識一個丁字的時候。家父見我浪蕩放縱，擔心我變成輕薄偏邪的人，準備讓我走科舉的道路。我也看到家勢衰敗，這個時候，拳術即便學成又沒什麼用途，因而也後悔自己的作為。因此便改變志向，專心攻讀經書，便整好行裝四處求學，先後向陳夔獻、陳介眉、范國雯、萬季野、張心友等先生請教，那時他們正好都在甬東。

征南先生進城來時，曾到我的書房，談及武藝一事，仍然對我誠懇地談論，他說：「拳術不在多，只在熟練，演練純熟，即使是六路也用之無窮。六路又分陰陽，僅有十八法，演變出來卻有四十九法。」又說：「拳好比絞花糙，要左右中前後都能到，不能只顧一面。」還說：「拳術也是由廣博歸到簡約，由七十二跌【即長拳、滾斫、分心十字等打法名色】、三十五拿【即斫、删、科、磕、靠等】、到十八法【即六路中十八法】，由十八法到十二法【倒、換、搓、挪、滾、脫、牽、綰、跪、坐、撾、拿】，由十二法最後歸納為存於心的五個字【敬、緊、徑、勁、切】。所以，精通拳術的人，只需記住幾個字。」我當時注意的是科舉文章，雖然勉強聽受，究竟不如先前的興趣。先生也貧病交加，心灰意冷，面容憔悴，近乎衰竭了。

今先生之死止七年①，干戈滿地，鋒鏑縱橫②，吾鄉盜賊亦相蟻合③，流離載道，白骨蔽野。此時得一桑懌④，足以除之。而二三士子，猶伊吾於城門晝閉之中⑤。當事者命一二守望相助等題，以為平盜之政⑥。士子遮拾一二兵農合一之語，以為經濟之才⑦。龍門子《秦士錄》曰：「使弼在，必當有以自見⑧。」言念先生，竟空槁⑨三尺蒿下，寧不惜哉！

【注釋】

①今先生之死止七年：黃宗羲《王征南墓誌銘》云征南卒於己酉二月九日，即康熙八年（一六六九年），則「七年」即康熙十五年（一六七六年），亦即黃百家《王征南先生傳》作於康熙十五年。

②干戈滿地，鋒鏑縱橫：鋒，刀口。鏑，箭頭。「干戈滿地，鋒鏑縱橫」是形容到處受到戰爭的摧殘。

③蟻合：像螞蟻般紛紛集結。此處形容盜賊之多。

④桑懌（一ˋ）：北宋開封雍丘（今杞縣）人，兩舉進士不第。歷任右班殿值，閤門祇侯，涇原路兵馬都監。康定二年（一〇四一年），任福受命統兵迎擊西夏軍，桑懌作先鋒，在好水川遇敵，追擊至六盤山下，中伏戰死。歐陽修作《桑懌傳》。

按：桑懌寓居汝（州）潁（州）之時，各縣盜賊眾多，他請求補任耆長（又稱「耆戶長」，職司逐捕盜賊）巡迴查緝盜匪。又召集街巷有劣跡的年輕人，告誡他們不要偷盜，「盜不可為，吾不汝容也」。因此，故黃百家言「此時得一桑懌，足以除之」，意思是如有像桑懌這樣的一個人，那麼就可以除卻鄉里的盜賊。

⑤而二三士子……晝閉之中：伊吾，象聲詞，指讀書聲。城門晝閉，白天

城門關閉，意為社會混亂不安，不敢開城門。此句是說：一幫學子，不管社會的安危，仍然在城中讀書。

⑥當事者……平盜之政：當事者，指地方官。守望相助，謂共同防禦。此句是說：當政者命一些讀書人以共同防禦盜匪為題歌頌，作為地方官平叛盜匪的政績。

⑦士子遮拾……經濟之才：經濟，即經世濟民的。此句是說：讀書人收集幾句士兵與農民的話，作為當事者經世濟民的才幹。

⑧龍門子……必當有以自見：龍門子，即宋濂（一三一〇——一三八一年），初名壽，字景濂，號潛溪，別號龍門子、玄眞遁叟、仙華生、元貞子、元貞道士，等等，祖籍浙江金華潛溪。明初著名政治家、文學家、史學家，與高啓、劉基並稱為「明初詩文三大家」，又與章溢、劉基、葉琛並稱為「浙東四先生」。明太祖朱元璋譽為「開國文臣之首」，學者稱其為太史公、宋龍門。生前作品大部分合刻為《宋學士全集》（又稱《宋文憲公全集》）。

按：《秦士錄》一文，出自《宋文憲公全集》卷三十八，是一篇傳記體小說。鄧弼是秦地（陝西）一個勇力過人、文武全才的豪傑，一次在酒樓上大展文才，壓倒了自命不凡的兩位書生。後來到御史台自薦，要求為國家建立功業，當場用一條槍抵擋著五十個人的圍攻，因而得到德王的賞識。但由於當朝丞相從中作梗，終於不得重用。報國無門，最後進王屋山出家，槁死於三尺蒿下。

「使弼在，必當有以自見」句，是說假使鄧弼健在，定有表現自己才能的機會。

⑨槁：乾枯，死亡。

【今譯】

如今先生去世僅僅七年，到處受到戰爭的摧殘。我家鄉的盜賊如螞蟻般紛紛聚集，百姓們四處逃難，白骨遍地。此時如果有桑懌這樣的人，便可以除滅盜賊。但是一幫學子，不管社會的安危，仍然在城中讀書。地方官命一些讀書人以共同防禦盜匪為題歌頌，作為平叛盜匪的政績。而那些讀書人收集幾句士兵與農民的話，作為當事者經世濟民的才幹。龍門子《秦士錄》說：「假使鄧弼健在，定有表現自己才能的機會。」想起先生，可惜先生竟白白死去，埋藏於三尺高的草叢下，豈不令人痛惜！

嗟乎！先生不可作矣①！念當日得竟②先生之學，即豈敢謂遂有關於匡王定霸之略，然而一障一堡，或如范長生③、樊雅④等護保黨閭，自審諒⑤庶幾⑥焉！亦何至播徙⑦海濱，擔簦⑧四顧，望塵起而無遁所如今日乎！則昔以從學于先生而悔者，今又不覺甚悔，夫前之悔矣。

先生之家世本末，家大人已為之誌⑨，小子不敢復贅。獨是先生之術，所授者惟余，余既負先生之知，則此術已為廣陵散⑩矣，余寧忍哉！故特備著其委屑⑪，庶後有好事者，或可因是而得之也。雖然，木牛流馬⑫，諸葛書中之尺寸詳矣，三千年以來，能復用之者誰乎？

【注釋】

①先生不可作矣：作，從人，從乍，人突然站起為作。本義為人起身。此處是說征南不可能再活過來了。

②竟：全部，完全。

③范長生（二一八—三一八年）：十六國時成漢道士，又名延九、重九，字元壽，別號蜀才，涪陵丹興（今四川黔江）人。其人精通天文術數，博學多藝，居青城山為當地天師道首領。

④樊雅：東晉時河南一帶豪強，曾乘戰亂自立譙郡太守。

⑤諒：料想，認為之意。

⑥庶幾：或許可以。

⑦播徙：流亡遷移之謂。

⑧擔簦：背著傘。謂奔走跋涉。

⑨志：是指記事的文章或書籍。此是指王征南生平一事，其父（黃宗羲）已作墓誌銘（即《王征南墓誌銘》）。

⑩廣陵散：本琴曲名。三國時人嵇康善彈此曲，秘不授人。後遭讒被害，臨刑索琴彈之，曰：「《廣陵散》於今絕矣！（《晉書・嵇康傳》）」。後亦稱事無後繼，已成絕響者為「廣陵散」。

⑪委屑：指細微瑣碎之事。

⑫木牛流馬：三國時諸葛亮所創製的運載工具，即獨輪車與四輪車。典出《三國志・蜀志・諸葛亮傳》：「亮性長於巧思，損益連弩，木牛流馬，皆出其意。」

【今譯】

唉，先生是不可能起死回生了！想起以前學得先生的全部絕學，雖然不敢說就有了輔助君王、平定天下的雄才大略，然而作為一個屏障堡壘，如像范長生、樊雅等輩保護鄉親，自認為或許還可以。又何至於像現在這樣浪跡海濱，四處奔走跋涉，看見塵煙起想逃而無處可逃呢！如果說先前跟隨先生學拳讓人後悔，則現在又不覺更悔先前之悔。

先生的生平行誼，家父已經作了墓誌銘，我不敢再贅述。只是先生的拳術，只有我一人學得，我既然辜負了先生的知遇之恩，那麼這拳術也就成為廣陵散了，我哪裡忍心呢！所以，特意全面記下其的原委，希望日後有好事之人，或許靠著這些記載還能學到呢。雖然，木牛流馬等運載工具，諸葛亮的書裡記述著詳細的尺寸，然而三千年以來，又有誰能再用到它呢？

手戰之道

內家拳法①

黄百家

昭代叢書別集

歙縣 張潮 山來 漸 進也 同輯

吳江 沈楙悳 翠嶺 校

內家拳法

餘姚黃百家主一著

自外家至少林其術精矣張三峯既精於少林復從而翻之是名內家得其一二者已足勝少林王征南先生從學於單思南而獨得其全余少不習科舉業喜事甚鬭先生名因裹糧至寶幢學焉先生亦自絕

憐其技投受甚難其人亦樂得余而傳之有五不可傳心險者好鬭者狂酒者輕露者骨柔質鈍者居室隘窄習余於其旁之鐵佛寺其拳法有應敵打法色名若干長拳滾斫分心十字擺肘逼門迎風鐵扇棄物投先推肘捕陰彎心杵肋舜子投井剪腕點節紅霞貫日烏雲掩月猿猴獻果綰肘裹靠仙人照掌彎弓大步兌換抱月左右揚鞭鐵門閂柳穿魚滿肚疼連枝箭一提金雙架筆金剛跌雙推窗順牽羊亂抽麻燕擡腮虎抱頭四把腰等穴法若干死穴啞穴暈穴咳穴膀胱蝦蟆猿跳曲池鎖喉解頤合谷內關三里等穴所禁犯病法若干懶散遲緩歪斜寒肩老步腆胸直立軟腿脫肘撒拳紐臂曲腰開門捉影雙手齊出而其要則在乎鍊鍊既成熟不必顧盼擬合信手而應縱橫前後悉逢肯綮其鍊法有

鍊手者三十五斫削科磕靠擄逼抹芟敲摘撒鍊歛兜搭剪分挑綰衝鉤勒耀兌換括起倒壓發插削鉤鍊步者十八墊步後墊步碾步沖步撒步曲步蹋步歛步坐馬步釣馬步連枝步仙人步分身步翻身步追步逼步斜步絞花步而總攝於六路與十段錦之中各有歌訣其六路曰佑神通臂最為高斗門深鎖轉英豪仙人立起朝天勢撒出抱月不相饒揚鞭左右人難及煞鎚衝擄兩翅搖其十段錦曰立起坐山虎勢迴身急步三追架起雙刀歛步滾斫進退三迴分身十字急三追架刀斫歸營寨紐拳碾步勢如初滾斫退歸原路入步韜隨前進滾斫歸初飛步金雞獨立緊攀弓坐馬四平兩顧其詞皆隱晦難記余因各為詮釋之以備遺忘詮六路曰斗門左膊垂下拳衝上當前右手平屈向外兩拳相對為斗門以右足踝前斜靠左足踝後名連枝步右手以雙指從左拳鈎進復鈎出名亂抽麻右足

亦隨右手向左足前鈎進復鈎出作小蹋步還連枝○通臂長拳也右手先陰出長拳左手伏乳左手從右拳下亦出長拳右手伏乳共四長拳足連枝隨長拳微提挪左右凡長拳要對直手背向內向外者即病法中戳拳○仙人朝天勢將左手長拳往右耳後向左前斫下伏乳左足提左右手往左耳後向右前斫下鈎起閃左拳背拗右拳正當鼻前似朝天勢右足跟劄進當前横向外靠左足尖如丁字樣是為仙人步凡步俱蹻蹺直立者病法所禁○抱月右足向右至後大撒步左足隨轉右作坐馬步○兩拳平陰相對為抱月復提前手還斗門足還連枝仍四長拳歛左右拳緊又當胸陽面右外左內兩膊夾臍○揚鞭足提轉向後右足在前左足在後右足即前進追步右手曲發陰轉直肘平屈横前如角尺樣左手扯後伏脅一歛轉而左手亦陽發蓋左足進洞上○煞鎚左手平陰屈横右手向後挑至左掌右足隨右手齊進至左足後○衝擄右手向後翻身直斫右足隨轉向後左足揭起左拳衝下着左膝上為鈎馬步此專

破少林拔地搓金磚等法者右手拗左肘左手即從右手內豎起左足上前過步右足隨進後仍還連枝兩手仍還斗門○兩翅搖擺兩足搓右作坐馬步兩拳平陰着胸先將右手掠開平直如翅復收至胸左手亦然○詮十段錦門坐山虎勢起斗門連枝足搓向右作坐馬兩拳平陰着胸○總步三追右手撒開轉身左手出長拳同六路但六路用連枝步至搓轉方右足在前仍為連枝步而此用進退斂步循壞三進○雙刀斂步左將垂下拳直豎當前右手平肩向外又左手內兩足緊斂步○滾斫進退三迴將前手抹下後手斫進如是者三進三退凡斫法上圓中直下仍圓如鉞斧樣○分身十字兩手仍着胸以左手撒開左足隨左手出右手出長拳循環三拳右手仍着胸以右手撒開左足轉面左手出長拳亦循環三拳○架刀斫歸營寨右手夜又左手內斫法同前滾斫法但轉而只三斫用右手轉身○紐拳環步拳下垂左手畧出右手下出上進俱陰面左足隨左手右足隨右手搓挪不轉面兩紐○滾斫退歸原路左手

手战之道　內家拳法　一

翻身三斫退步○翻隨連進左手平着胸畧撒開平直右手覆拳兜上至左手腕中止左足蹻左手入斂步翻身右手亦平着胸同上○滾斫歸初飛步右手斫後右足搓挪○金雞立緊拳弓右手復斫右足搓轉左拳自上插下左足釣馬進半步右足隨還連枝即六路拳衝釣馬步○坐馬四平兩顧即六路兩翅搖擺還斗門轉坐馬搖擺六路與十段錦多相同處大約六路鍊骨使之能緊十段錦緊後又使之放開先生見之笑曰余以終身之習往往猶費追憶子一何簡捷若是乎雖然子藝自此不精矣先生之所注意獨喜自負迴絕乎凡技之上者則有盤斫（拳家惟斫最重斫有四種滾斫柳葉斫十字斫雷公斫而先生另有盤斫則能以斫破斫）此則先生熟久智生劃焉心開而獨創者也方余之習拳於鐵佛寺

手战之道　內家拳法　一

也琉璃慘澹土木猙獰余與先生演肄之餘濁酒數杯悶關繞步候山月之方升聽溪流之嗚咽先生談古道今意氣杭慨因為余兼及槍刀劍鉞之法曰拳成外此不難矣某某處即槍法也某某處即劍鉞法也以至卒伍之步伐陣壘之規模莫不淋漓傾倒曰我無傳人我將盡授之子余時鼻端出火與致方騰慕睢陽伯紀之為人謂天下事必非龐龍拘儒之所任必其能上馬殺敵下馬擒王始不負七尺於世當是時西南既靖東南亦平四海宴如此其挽強二石

手战之道　內家拳法　一

不若一丁之時家大人見余斵弛放縱恐遂流為年少狹邪之徒將使學為科舉之文而余兒家勢飄吝當此之時技即成而何所用亦遂自悔其所為因降心抑志一意夫經生業擔簦負笈問途於陳子夔獻陳子介眉范子國雯萬子季野張子心友等而諸君子適俱亦在甬東先生入城時嘗過余齋談及武藝事猶為余諄諄愷切曰拳不在多惟在熟鍊之純熟即六路亦用之不窮其中分陰陽止十八法而變出即有四十九又曰拳如絞花捶左右中前後皆到不

可止顧一面又曰拳亦由搏而歸約由七十二跌即長拳滾斫分心十字等打法名色三十五拿即斫削科磕靠等以至十八即六路中十八法由十八而十二倒換搓挪滾脫牽綰跪坐撾拿由十二而總歸之存心之五字敬緊徑勁切故精于拳者所記止有數字余時注意舉業雖勉強聽受非復昔時之興會而先生亦且貧病交纏心枯容悴而憊矣今先生之死止七年吾鄉盜賊亦相蟻合流離載道白骨蔽野此時得一桑懌足以除之而二三士子猶伊吾于城門晝閉之中當事者命一二守望相助等題以為平盜之

政士子摭拾一二兵農合一之語以為經濟之才龍門子秦士錄曰使弼在必當有以自見言念先生竟空槁三尺蒿下寧不惜哉嗟乎先生不可作矣念當日得先生之學即豈敢謂遂有關于匡王定霸之畧然而一障一堡或如范長生樊雅等護保黨閭自審諒庶幾焉亦何至播徙海濱攜簦四顧望塵起而無遁所如今日乎則昔以從學于先生而悔者今又不覺甚悔夫前之悔矣先生之術所受者惟余余既負先生之知則此術已為廣陵散矣余寧忍哉故特備

手战之道 内家拳法 一

著其委屈庶後有好事者或可因是而得之也雖然木牛流馬諸葛書中之尺寸詳矣三千年以來能復用之者誰乎

手战之道 内家拳法 一

自外家至少林，其術精矣！張三峰既精於少林，復從而翻之，是名內家。得其一二者，已足勝少林。王征南先生從學於單思南，而獨得其全。余少不習科舉業，喜事甚，聞先生名，因裹糧至寶幢學焉。先生亦自絕憐其技，授受甚難其人，亦樂得余而傳之【有五不可傳：心險者，好鬥者，狂酒者，輕露者，骨柔質鈍者】。居室敧窄，習余於其旁之鐵佛寺。

其拳法，有應敵打法色名若干【長拳、滾斫、分心十字、擺肘逼門、迎風鐵扇、棄物投先、推肘捕陰、彎心杵肋、舜子投井、剪腕點節、紅霞貫日、烏雲掩月、猿猴獻果、綰肘裹靠、仙人照掌、彎弓大步、兌換抱月、左右揚鞭、鐵門閂、柳穿魚、滿肚疼、連枝箭、一提金、雙架筆、金剛跌、雙推窗、順牽羊、亂抽麻、燕抬腮、虎抱頭、四把腰等】，穴法若干【死穴、啞穴、暈穴、咳穴、膀胱、蝦蟆、猿跳、曲池、鎖喉、解頤、合谷、內關、三里等穴】，所禁犯病法若干【懶散、遲緩、歪斜、寒肩、老步、腆胸、直立、軟腿、脫肘、戳拳、扭臀、曲腰、開門捉影、雙手齊出】。而其要則在乎鍊，鍊既成熟，不必顧眄擬合，信手而應，縱橫前後，悉逢肯綮。其鍊法有：煉手者三十五【斫、削、科、磕、靠、擄、逼、抹、芟、敲、搖、擺、撒、鐮、攢、兜、搭、剪、分、挑、綰、衝、鉤、勒、躍、兌、換、括、起、倒、壓、發、插、削、鉤】，練步者十八【趷步、後趷步、碾步、沖步、撒步、曲步、蹋步、斂步、坐馬步、鉤馬步、連枝步、仙人步、分身步、翻身步、追步、逼步、斜步、絞花步】。而總攝於六路與十段錦之中，各有歌訣。【其六路曰：佑神通臂最為高，斗門深鎖轉英豪。仙人立起朝天勢，撒出抱月不相饒。揚鞭左右人難及，煞錘衝擄兩翅搖。其十段錦曰：立起坐山虎勢，迴身急步三追，架起雙刀斂步，滾斫進退三迴，分身十字既急三追，架刀斫歸營寨，紐拳碾步勢如初，滾斫退歸原路，入步韜隨前進，滾斫歸初飛步，金雞獨立緊攀弓，坐馬四平兩顧。】

顧其詞皆隱略難記，余因各為詮釋之，以備遺忘。詮六路曰：

斗門：左膊垂下，拳衝上當前，右手平屈向外，兩拳相對為斗門。以右足踝前斜，靠左足踝後，名連枝步。右手以雙指從左拳鈎進復鈎出，名亂抽麻。右足亦隨右手向左足前鈎進復鈎出，作小蹋步，還連枝。

通臂：長拳也。右手先陰出長拳，左手伏乳。左手從右拳下亦出長拳，右手伏乳，共四長拳。足連枝隨長拳，微搓挪左右。凡長拳要對直手背，向內向外者，即病法中戳拳。

仙人朝天勢：將左手長拳，往右耳後向左前斫下，伏乳，左足搓左，右手往左耳後向右前斫下，鈎起，閣左拳背，拗右拳正當鼻前，似朝天勢。右足跟劃進當前，橫向外靠，左足尖如丁字樣，是為仙人步。凡步俱蹲矬、直立者，病法所禁。

抱月：右足向右至後大撒步，左足隨轉右，作坐馬步，兩拳平陰相對為抱月。復搓前手還斗門，足還連枝，仍四長拳。斂左右拳緊叉當胸，陽面，右外左內，兩腁夾脅。

揚鞭：足搓轉向後，右足在前，左足在後，右足即前進追步，右手陽發陰，膊直肘平屈橫前，如角尺樣。左手扯後伏脅，一斂轉面，左手亦陽發陰，左足進，同上。

煞錘：左手平陰屈橫，右手向後兜至左掌，右足隨右手齊進至左足後。

衝擄：右手向後翻身直斫，右足隨轉向後，左足揭起，左拳衝下，著左膝上，為釣馬步，此專破少林摟地挖金磚等法者。右手擄左，左手即從右手內豎起，左足上前逼步，右足隨進後仍還連枝，兩手仍還斗門。

兩翅搖擺：兩足搓右作坐馬步，兩拳平陰著胸，先將右手掠開，平直如翅，復收至胸，左手亦然。

詮十段錦曰：

坐山虎勢：起斗門，連枝足搓向右，作坐馬，兩拳平陰著胸。

急步三追：右手撒開，轉身左手出長拳，同六路。但六路用連枝步，至搓轉方右足在前，仍為連枝步，而此用進退斂步，循環三進。

雙刀斂步：左膊垂下，拳直豎當前，右手平屈向外，叉左手內，兩足緊斂步。

滾斫進退三回：將前手抹下，後手斫進，如是者三進三退。凡斫法上圓中直，下仍圓，如鉞斧樣。

分身十字：兩手仍著胸，以左手撒開，左足隨左手出，右手出長拳，循環三拳；右手仍著胸，以右手撒開，左足轉面，左手出長拳，亦循環三拳。

架刀斫歸營寨：右手復叉左手內，斫法同前滾斫法，但轉面只三斫，用右手轉身。

扭拳碾步：拳下垂，左手略出，右手下出上進，俱陰面；左足隨左手，右足隨右手，搓挪不轉面，兩紐。

滾斫退歸原路：左手翻身三斫，退步。

韜搥連進：左手平著胸，略撒開，平直；右手覆拳兜上，至左手腕中止；左足隨左手入，斂步翻身，右手亦平著胸，同上。

滾斫歸初飛步：右手斫後，右足搓挪。

金雞立緊攀弓：右手復斫，右足搓轉，左拳自上插下，左足釣馬進半步，右足隨還連枝，即六路拳衝釣馬步。

坐馬四平兩顧：即六路兩翅搖擺，還斗門，轉坐馬搖擺。

六路與十段錦多相同處，大約六路煉骨，使之能緊，十段錦緊後又使之放開。

先生見之笑曰：余以終身之習，往往猶費追憶，子一何簡捷若是乎？雖然，子藝自此不精矣。

先生之所注意，獨喜身負，迥絕乎凡技之上者，則有盤斫【拳家惟斫最重，斫有四種：滾斫，柳葉斫，十字斫，雷公斫。而先生另有盤斫，則能以斫破斫】。此則先生熟久智生，劃焉心開而獨創者也。

方余之習拳於鐵佛寺也，琉璃慘澹，土木猙獰，余與先生演肄之餘，濁酒數杯，團圞繞步，侯山月之方升，聽溪流之嗚咽，先生談古道今，意氣忼慨。因為余兼及槍、刀、劍、鉞之法，曰：「拳成外，此不難矣。某某處即槍法也，某某處即劍、鉞法也。」以至卒伍之步伐，陣壘之規模，莫不淋漓傾倒，曰：「我無傳人，我將盡授之子。」余時鼻端出火，興致方騰，慕睢陽伯紀之為人，謂天下事必非齷齪拘儒所任，必其能上馬殺敵，下馬擒王，始不負七尺於世。

當是時，西南既靖，東南亦平，四海宴②如，此真挽強二石，不若一丁之時。家大人見余跅弛③放縱，恐遂流為年少狹邪之徒，將使學為科舉之文。而余見家勢飄零，當此之時，技即成而何所用，亦遂自悔其所為。因降心抑志，一意夫經生業，擔簦負笈，問途於陳子夔獻、陳子介眉、范子國雯、萬子季野、張子心友等，而諸君子適俱在甬東，先生入城時，嘗過余齋，談及武藝事，猶為余諄諄愷切，曰：「拳不在多，惟在熟，鍊之純熟，即六路亦用之不窮。其中分陰陽，止十八法，而變出即有四十九。」又曰：「拳如絞花槌，左右中前後皆到，不可止顧一面。」又曰：「拳亦由博而歸約，由七十二跌【即長拳、滾斫、分心十字等打法名色】、三十五拿【即斫、刪、科、磕、靠等】、以至十八【即六路中十八法】，由十八而十二【倒、換、搓、挪、滾、脫、牽、綰、跪、坐、撾、拿】，由十二而總歸之存心之五字【敬、緊、徑、勁、切】。故精於拳者，所記止有數字。」余時注意舉業，雖勉強聽受，非復昔時之興會。而先生亦且貧病交纏，心枯容悴而憊矣！

今先生之死止七年，吾鄉盜賊亦相蟻合，流離載道，白骨蔽野。此時得一桑懌，足以除之，而二三士子，猶伊吾於城門晝閉之中。當事者命一二守望相助等題，以為平盜之政。士子遮拾一二兵農合一之語，以為經濟之才。龍門子《秦士錄》曰：「使弼在，必當有以自見。」言念先生竟空槁三尺蒿下，寧不惜哉！

嗟乎！先生不可作矣！念當日得先生之學，即豈敢謂遂有關於匡王定霸之略，然而一障一堡，或如范長生、樊雅等護保黨閭，自審諒庶幾焉！亦何至播徙海濱，擔簦四顧，望塵起而無遁所如今日乎！則昔以從學於先生而悔者，今又不覺甚悔，夫前之悔矣。先生之術所受者惟余，余既負先生之知，則此術已為廣陵散矣，余寧忍哉！故特備著其委屑，庶後有好事者，或可因是而得之也。雖然，木牛流馬，諸葛書中之尺寸詳矣，三千年以來，能復用之者誰乎？

【注釋】

①《內家拳法》，黃百家撰，收入清人張潮所輯錄的《昭代叢書》之「別集」，為黃氏《王征南先生傳》中一部分。《欽定四庫全書總目》之《昭代叢書》提要云：「國朝張潮編。潮字山來，徽州人。是編凡甲、乙、丙三集，每集各五十卷，每卷為書一種，皆國初人雜著。或從文集中摘錄一篇，或從全書中割取數頁，亦有偶書數紙，並非著述，而亦強以書名者。中亦時有竄改。如徐懷祖之《海賦》，去其賦而存其自注，改名《臺灣隨筆》。黃百家之《征南先生傳》，芟其首尾，改名《內家拳法》。猶是明季書賈改頭換面之積習，不足采也。」

由是可知，《昭代叢書》收載的《內家拳法》就是這類改頭換面之作，其名也應為張潮輯錄時所加。除「芟其首尾」之外，《內家拳法》還刪去了文中「射法」部分。唐豪曾言：內家拳「宗羲所述源流，係征南入天童時親告；百家所述，與其父聞之征南者不同，想因怪誕不經，故從而改之，然皆杜撰無據也。」（唐豪《中國武藝圖籍考》，山西科學技術出版社，二〇〇八年，第五十四頁）。

該篇注釋可參考《王征南先生傳》。

②宴：《王征南先生傳》作「晏」。

③跅弛：《王征南先生傳》作「跅」；「跅弛」，行為放蕩不羈之意。

【今譯】

該篇是《王征南先生傳》「芟其首尾」之作，全文「今譯」可參考《王征南先生傳》，此處不再重複。

歡迎至本公司購買書籍

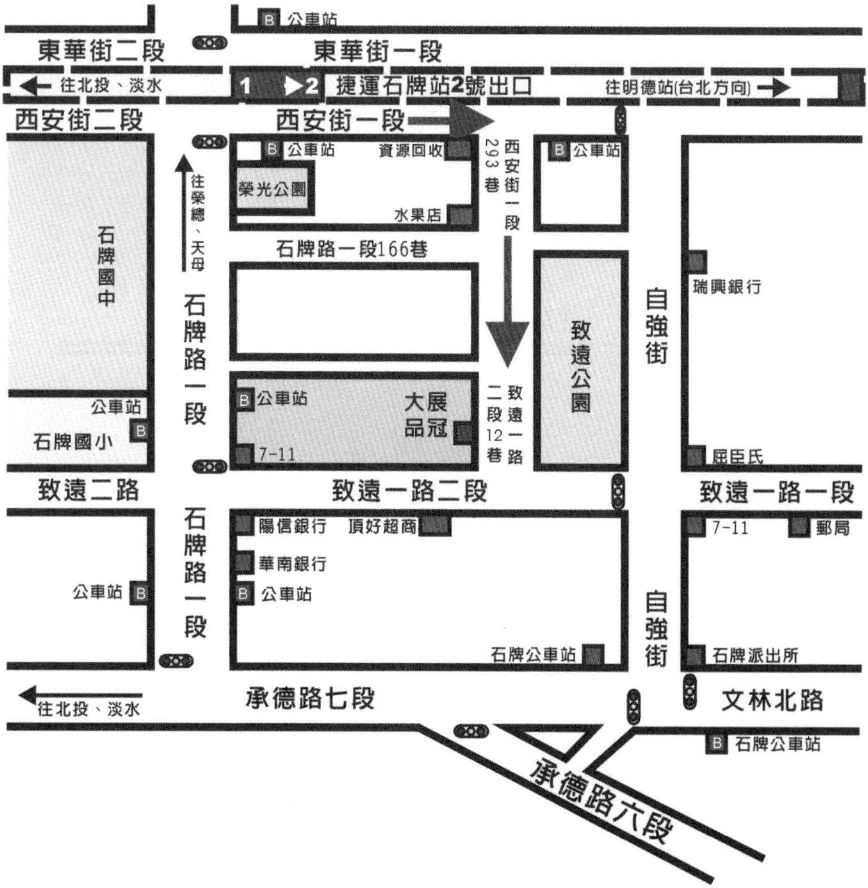

建議路線

1.搭乘捷運・公車

淡水線石牌站下車，由石牌捷運站2號出口出站(出站後靠右邊)，沿著捷運高架往台北方向走(往明德站方向)，其街名為西安街，約走100公尺(勿超過紅綠燈)，由西安街一段293巷進來(巷口有一公車站牌，站名為自強街口)，本公司位於致遠公園對面。搭公車者請於石牌站(石牌派出所)下車，走進自強街，遇致遠路口左轉，右手邊第一條巷子即為本社位置。

2.自行開車或騎車

由承德路接石牌路，看到陽信銀行右轉，此條即為致遠一路二段，在遇到自強街(紅綠燈)前的巷子(致遠公園)左轉，即可看到本公司招牌。

國家圖書館出版品預行編目資料

手戰之道／王小兵　校注
——初版，——臺北市，大展，2019〔民108 .07〕
面；21公分 ——（武學古籍新注；4）
ISBN 978－986－346－252－1（平裝）
1. 武術　2. 中國
528 . 97　　　　　108007203

手戰之道

校 注 者／王 小 兵
策　　劃／王 躍 平　常 學 剛
責任編輯／李　　倩
發 行 人／蔡 森 明
出 版 者／大展出版社有限公司
社　　址／台北市北投區（石牌）致遠一路2段12巷1號
電　　話／（02）28236031 · 28236033 · 28233123
傳　　眞／（02）28272069
郵政劃撥／01669551
網　　址／www.dah-jaan.com.tw
E－mail ／service@dah-jaan.com.tw
登 記 證／局版臺業字第2171號
承 印 者／傳興印刷有限公司
裝　　訂／眾友企業公司
排 版 者／弘益電腦排版有限公司
授 權 者／北京科學技術出版社
初版1刷／2019年（民108）7月

定 價／350元